体育融合发展模式架构及实践策略研究

谢　焰　应晨林　周　颖　著

中国青年出版社

图书在版编目(CIP)数据

体育融合发展模式架构及实践策略研究/谢焰,应晨林,周颖著. --北京:中国青年出版社,2024.11.
ISBN 978-7-5153-7587-8

Ⅰ.G812

中国国家版本馆 CIP 数据核字第 2025PH5316 号

体育融合发展模式架构及实践策略研究

作　　者:谢　焰　应晨林　周　颖

责任编辑:刘　霜　罗　静　邵明田

出版发行:中国青年出版社

社　　址:北京市东城区东四十二条 21 号

网　　址:www.cyp.com.cn

编辑中心:010-57350508

营销中心:010-57350370

经　　销:新华书店

印　　刷:北京联兴盛业印刷股份有限公司

规　　格:710mm ×1000mm　1/16

印　　张:10.25

字　　数:137 千字

版　　次:2024 年 11 月北京第 1 版

印　　次:2024 年 11 月北京第 1 次印刷

定　　价:68.00 元

如有印装质量问题,请凭购书发票与质检部联系调换

联系电话:010-57350337

前　言

在当今社会,体育的影响力已经超越了单纯的竞技范畴,逐渐渗透教育、旅游、医疗、文化等各个领域,体育融合发展成了一种必然趋势。这种融合不仅为体育自身的发展开辟了新的路径,也为相关产业的协同共进提供了契机,对推动社会整体发展具有重要的意义。

随着生活水平的提高,人们的健康意识增强,人们对体育的需求呈现出多元化和个性化的特点。与此同时,全球经济一体化的进程加速,各产业之间的界限日益模糊,跨界融合成为创新发展的重要驱动力。体育与文化、旅游、科技、教育等领域的融合,不断催生新的业态和商业模式,为经济增长注入了新的活力。

因此,深入研究体育融合发展模式架构及实践策略具有重要的理论意义和现实意义。构建科学合理的体育融合发展模式,探索切实可行的实践策略,有利于促进体育与其他领域的深度融合,实现体育产业的可持续发展,进而推动社会经济的繁荣和人民生活质量的提升。

为确保本书的准确性和严谨性,笔者在撰写本书的过程中参阅了大量文献和专著,在此向其作者表示感谢。由于笔者学识有限,书中难免存在错误和疏漏之处,恳请广大读者批评指正。

目　录

第一章　体育融合概述

第一节　体育融合的内涵

体育作为人类社会的重要组成部分,一直以来都在不断发展和演变。在当今全球化、信息化的时代背景下,体育融合已成为体育发展的新趋势。体育融合不仅是体育自身发展的需要,也是社会进步的必然要求。通过体育与其他领域的融合,可以充分发挥体育的多元价值,为人们的生活带来更多的福祉。

体育融合可以从不同角度进行分类,以下是三类常见的分类方式。

一、按融合的领域分类

(一)体育与教育融合

体育课程与学科教育融合:将体育的理念、技能和价值观融入各学科的教学中,比如在语文写作中可以以体育赛事、运动员精神为主题,在数学中可以通过计算体育比赛数据等方式进行教学;同时,在体育课程中也可以结合科学知识讲解运动生理、力学原理等。

校园体育文化建设:开展丰富多彩的校园体育活动,如运动会、体育社团、体育主题讲座等,营造浓厚的体育氛围,培养学生对体育的兴趣,促进学生全面发展。

(二)体育与旅游融合

体育赛事旅游:以观看重大体育赛事为主要目的的旅游活动,如奥运会、世界杯等大型体育赛事会吸引大量国内外游客前往举办地观赛,同时游览当地的风景名胜。

户外运动旅游：包括登山、徒步、骑行、滑雪、潜水等户外运动项目与旅游相结合，游客在享受自然风光的同时进行体育锻炼，体验刺激和挑战。

体育主题公园旅游：以体育为主题的公园能提供各种体育设施和娱乐项目，如体育博物馆、运动体验区、主题游乐设施等，能满足游客的休闲娱乐需求。

（三）体育与科技融合

运动装备科技化：研发高科技的运动装备，如智能运动鞋、运动手环、运动服装等，这些装备可以监测运动员的运动数据、身体状况等，为训练和比赛提供科学依据。

体育赛事转播科技化：利用虚拟现实（Virtual Reality，VR）、增强现实（Augmented Reality，AR）、5G 技术等，为观众带来更加沉浸式的观赛体验。例如观众可以通过 VR 设备身临其境地感受比赛现场的氛围，或者通过 AR 技术在屏幕上获取运动员的实时数据和分析。

体育训练科技化：运用大数据分析、人工智能等技术对运动员的训练进行科学指导。通过收集运动员的训练数据，分析其技术动作、体能状况等，制订个性化的训练方案，提高训练效果。

（四）体育与文化融合

传统体育文化传承：对传统体育项目（如武术、太极拳、龙舟等）进行传承和弘扬，挖掘其背后的文化内涵和历史价值，通过举办传统体育文化节、培训班等形式，让更多的人了解和参与传统体育活动。

体育文化创意产业：将体育元素与文化创意相结合，开发体育主题的影视作品、文学作品、音乐作品、动漫游戏等，丰富体育文化产品的种类和形式，提升体育文化的影响力。

体育文化与城市文化融合：将体育文化融入城市文化建设中，打造体育特色城市。例如以城市的体育场馆、体育公园等为载体，举办各类体育活动和文化活动，展示城市的体育风貌和文化魅力。

二、按融合的深度分类

(一)浅层融合

资源共享型融合:体育与其他领域在场地、设施、人力资源等方面进行共享。例如学校的体育场馆在课余时间向社会开放,供市民进行体育锻炼;企业的会议室、礼堂等场所可以对外出借。

活动合作型融合:体育与其他领域共同举办一些活动,但融合程度相对较浅。比如体育品牌与商场合作举办促销活动,商场提供场地,体育品牌提供产品和宣传,吸引消费者参与。

(二)深度融合

产业融合型融合:体育与其他产业相互渗透、融合,形成新的产业业态。如体育与旅游产业融合形成体育旅游产业,包括体育赛事旅游、户外运动旅游等;体育与文化产业融合形成体育文化创意产业,开发体育主题的文化产品。

理念融合型融合:体育的理念和价值观与其他领域的理念和价值观深度融合,共同影响人们的生活方式和思维方式。例如体育的团队合作、拼搏进取精神融入企业文化中,促进企业的发展和员工的成长;体育的健康生活理念融入教育理念中,培养学生的健康意识和生活习惯。

三、按融合的主体分类

(一)政府主导型融合

政府制定相关政策,推动体育与其他领域的融合发展。例如政府出台鼓励体育与旅游融合的政策,对体育旅游项目给予资金支持、税收优惠等,促进体育旅游产业的发展。

政府组织举办大型体育与文化、旅游等相结合的活动,提升城市的知名度和影响力。如举办国际马拉松赛,同时结合城市的文化特色和旅游资源,打造城市品牌。

（二）企业主导型融合

体育企业与其他企业合作，拓展业务领域。如体育用品企业与科技企业合作，开发智能运动装备；体育赛事运营企业与旅游企业合作，推出体育旅游产品。

企业通过创新商业模式，实现体育与其他领域的融合。例如一些互联网企业推出体育社交平台，将体育与社交、娱乐等功能相结合，吸引用户参与。

（三）社会组织主导型融合

体育社会组织与其他社会组织合作，共同开展体育活动和公益项目。如体育俱乐部与环保组织合作举办绿色骑行活动，宣传环保理念；体育志愿者组织与教育机构合作，开展体育支教活动。

社会组织通过举办体育文化活动，促进体育与文化的融合。如体育爱好者协会举办体育摄影展、体育文学创作比赛等，丰富体育文化生活。

第二节　体育融合的重要意义

一、个人层面的意义

（一）促进身心健康全面发展

体育与教育融合可以让个体在成长过程中接受系统的体育教育，掌握正确的运动技能和锻炼方法，养成良好的运动习惯，从而增强身体素质，提高身体的免疫力和抵抗力。例如学校开展的各类体育课程和课外活动，能够让学生在学习知识的同时，通过体育锻炼释放压力，保持身心健康。

体育与医疗融合有助于疾病预防和康复治疗。对于患有慢性疾病或处于康复期的人群，适当的体育活动可以改善身体机能，提高生活质量。例如医生为心脏病患者制订的康复运动计划能够帮助患者逐渐恢复心脏功能，降低再次发病的风险。

（二）提升个人综合素质

体育与教育融合能够培养个体的团队合作精神、竞争意识和坚韧不拔的毅力。在体育比赛和团队运动中，人们学会与他人合作，共同追求目标；面对竞争时，勇于挑战自我，不断超越；在遇到困难和挫折时，坚持不懈，不轻易放弃。这些品质不仅在体育活动中发挥重要作用，也对个人的学习、工作和生活产生积极影响。

体育与文化融合丰富个人的精神世界。人们参与传统体育项目或欣赏体育文化活动，可以了解不同的文化背景和价值观念、拓宽视野、增强文化自信。例如学习武术不仅能锻炼身体，还能感受中华优秀传统文化的魅力，培养爱国情怀和民族自豪感。

二、社会层面的意义

（一）推动经济发展

体育与旅游融合创造了新的经济增长点。体育旅游作为一种新兴的旅游形式，吸引了大量游客参与，带动了交通、餐饮等相关产业的发展。例如举办马拉松比赛、山地自行车赛等体育赛事，能够吸引国内外游客前来参赛和观赛，促进当地旅游业的繁荣。

体育与科技融合促进体育产业升级。高科技的运动装备、智能体育设施和先进的体育赛事转播技术等，推动了体育产业向高端化、智能化方向发展，提高了产业附加值。同时，体育科技创新也催生了新的商业模式和消费需求，为经济增长注入新动力。

体育融合还能带动就业。体育产业与其他领域的融合发展需要大量的专业人才，包括体育教练、赛事运营人员、体育旅游导游、体育科技研发人员等，为社会创造了更多的就业机会。

（二）增强社会凝聚力

体育活动具有广泛的社会参与性，能够将不同年龄、性别、职业的人聚集在一起。通过参与体育比赛、健身活动或社区体育项目，人们可以增进彼此之间的交流和了解，建立良好的人际关系，促进社会和谐。例如社区举办的趣味运动会，吸引了社区居民积极参与，加深了邻里之间的感情。

大型体育赛事能够激发民族自豪感和爱国情怀,增强社会凝聚力。当国家运动员在国际赛场上取得优异成绩时,全国人民共同为他们欢呼喝彩,这种共同的情感体验能够将人们紧密团结在一起,增强民族认同感和国家凝聚力。

(三)丰富文化生活

体育与文化融合为社会提供了丰富多彩的文化产品和活动。体育电影、体育文学、体育艺术等形式,丰富了人们的精神文化生活,满足了人们对文化娱乐的需求。

体育文化活动还能够传承和弘扬优秀传统文化。传统体育项目如武术、太极拳、龙舟等,承载着丰富的历史文化内涵;通过举办传统体育文化活动,可以让更多的人了解和传承这些优秀传统文化,增强文化自信。

三、国家层面的意义

(一)提升国家软实力

成功举办国际体育赛事可以展示国家的综合实力和良好形象,提升国家的国际影响力。

体育文化输出能够传播国家的价值观念和文化特色。通过推广中国传统体育项目、举办国际体育文化交流活动等方式,可以让世界更好地了解中国文化,增进各国人民之间的友谊和相互理解。

(二)促进国家体育事业发展

体育融合有利于整合资源,推动体育事业的全面发展。通过与教育、科技、旅游等领域的融合,可以为体育事业提供更多的资金、人才和技术支持,提高体育设施的建设水平和利用效率,促进体育竞技水平的提升和全民健身活动的广泛开展。

体育融合还能够创新体育发展模式,为国家体育事业的可持续发展提供新的思路和方法。例如探索"体育＋互联网"模式,利用互联网平台开展线上体育赛事、健身指导等服务,拓展体育发展的空间和渠道。

第二章　体教融合

第一节　体育教学概述

一、体育教学的要素与影响

（一）体育教学的要素

1.体育教学的教学方法

在体育教育领域,教学方法占据了一个非常关键的位置。在体育的教学过程中,教师所选择的教学方法会直接决定学生对体育课程的热情和他们的理解深度。在体育教学中,主要的教学方法有直观教学法、讲述教学法、示范教学法、问题式教学法及研究式教学法等。

在众多教学方法中,直观教学法特别强调视觉的呈现效果。该方法在体育课程中,特别是在运动技巧和动作方面,是非常适用的。通过教师直观且形象的讲解和展示,学生能够迅速地掌握所需的技能和动作。

讲述教学法是一种强调语言表达能力的教学方法。它在体育课程的规则、知识和理论等多个领域都是适用的。当教师使用逻辑明确的措辞时,学生能够更深入地理解和掌握相关的理论概念。

示范教学法被视为体育教育中的一个经典方法。教师采用这种方法可以帮助学生更深入地理解和掌握运动的技巧与动作。

问题式教学法是一种通过激发学生的主动思维和问题解决能力来实现体育课程目标的教学策略。

研究式教学法是一种鼓励学生通过深入研究问题来实现课程学习目

标的教学策略,它帮助学生在实际操作中获得知识。

通过采用各种不同的教学方法,教师能够极大地激发学生的学习兴趣和参与度,从而提升学生在体育方面的综合素质和水平。在体育的教学过程中,选择适当的教学方法对学生的学习成果和感受是非常关键的。

2.体育教学的教学手段

在体育的教学过程中,教学手段是体育教学的关键组成部分之一。教学手段的选择、运用和实施是教学手段的三个主要组成部分。

首先,体育教师在选择教学手段时,应依据学生的个性和需求、课程的教学目标和教学内容来确定最适合的教学手段。在选择体育教学方法时,应确保其与课程内容相一致,并展现出其科学、规范、目标明确和系统化的特点。

其次,在运用各种教学手段时,体育教师应当高度重视体育教学的实际效果。不仅要确保教学过程的严格性和对学生全面能力的塑造,还需要满足学生的主观能动性和积极性,以激发学生的学习兴趣,并营造一个和谐的教学环境。

最后,在教学手段的实施过程中,教师应更加重视导学与疏导、引导与启示这四个核心环节,强调教师与学生之间的互动交流,以促使学生在体育教学活动中获得最大限度的成长和发展。总的来说,体育教育的教学手段不仅构成了体育教育的一个关键环节,而且也是教育和教学过程中不可或缺的工具。体育教师需要深入地反思并广泛地应用各种教学手段,以提升教学的品质和成果。

3.体育教学的评价标准

在体育的教学过程中,对学生的学习表现进行评估是至关重要的。体育教学的评价标准应当具备科学性、客观性和适用性等多方面的特质。以下列出了四种在体育教学中常用的评价标准。

(1)技能水平

在体育教学中,最核心的目标是提高学生的运动技巧,因此,技术能力被视为最基础的评价标准之一。教师可以通过设计多种技能测试项目来对学生进行定量评估,客观地掌握学生的技能水平,并能够及时识别和修正他们在运动技能方面的不足。

(2)身体素质

身体素质不仅是确保学生身体健康的关键因素,也是提升运动表现和工作效率的重要基础。因此,对学生身体素质的评估也被视为评价的关键标准之一。教师可以通过进行身体素质测试(如身高、体重、肺活量等)来有效地评估学生的身体素质水平。

(3)知识与理解

体育课的知识和理解程度不仅是学生技能水平和身体素质的重要指标,也是评价体育课质量的重要标准之一。在体育课程中,学生有必要掌握与体育相关的规则、战术及运动的核心理念和知识。教师可以利用课堂测试和作业评分等方法来评估学生体育知识与理解的能力和水平。

(4)态度与道德

在体育课程中,学生的心态和道德修养都是至关重要的。学生在学习过程中应当展现出积极的态度和勇于接受挑战的精神,同时也要严格遵循既定的规则和道德准则。对学生态度和道德品质进行评估,有助于进一步塑造他们优秀的道德观念和高尚的道德情操。

总体来说,在进行体育教学时,教师应当根据学生的个性和他们所处的学习阶段来合理地设定评价标准。此外,在进行评估时,教师还应当重视评价的客观性和科学性,这样才能为学生的成长和进步提供有力的科学支撑。

(二)体育教学的影响

1.体育教学对学生身体素质的影响

身体素质描述的是人体各种功能的当前状况。在这个过程中,体育教育起到了不可或缺的作用。首先要明确的是,体育活动有助于锻炼人体的肌肉、骨骼和关节等重要器官,从而进一步提高人体的整体功能;其次,在体育教学中,各种运动项目不仅可以增强学生的心肺健康,提升学生的耐力素质,而且对学生的心血管、呼吸系统等重要器官的成长也起到了正面作用;此外,参与体育活动可以增强细胞的新陈代谢功能,加速新陈代谢废物的排除,从而有效增强身体的免疫系统,并降低疾病的发病率。体育活动不仅能显著提升学生的身体素质,还能大量消耗脂肪,帮助学生建立一个健康的身体状况。

对学生而言,身体状况构成了未来工作和生活的根本和支柱,其重要性是显而易见的。在加强学生体育锻炼的同时,体育教学也有助于培养学生主动锻炼的能力和习惯。在这一学习过程中,学生会深刻感受到锻炼对身体健康的重要性,并认识到身体健康与日常生活之间的紧密联系,这将进一步激发他们对基础体育知识的学习兴趣和热情,并帮助他们养成健康的体育锻炼习惯。高质量的体育教学可以帮助学生塑造健康的生活观念和态度、减少学业的压力、减轻考试的负担,使学习变得更加愉悦。

综合来看,体育教学对学生的身体健康至关重要。无论是身体功能的调整、身体素质的全面提升,还是从自我约束的锻炼到个人健康的维护,体育教学的有力指导和推进都是不可或缺的。在教学活动中,教师需要充分激发学生的积极性和主动性,指导他们掌握科学和健康的锻炼方法;教师还需要通过实施体育教学的指导原则和手段,协助学生建立文明和科学的人生观,从而全面提升学生的身体素质。

2.体育教学对学生心理素质的影响

体育教育对学生的心理品质产生了明显的正面效果。

第一,通过体育课程中的各种运动项目,学生有机会体验各种不同的运动方式,这不仅能激发他们对运动的热情和兴趣,还有助于提升他们的自信和自尊。

第二,参与体育活动也是一种有效地磨炼意志和毅力的方式。由于体育运动项目具有高度的复杂性和挑战性,因此,学生必须持之以恒地进行训练和付出努力以实现个人成长。这种经历有助于培养学生在遭遇挫折时的耐心和毅力,同时也能增强他们面对困难和挑战的勇气和自信。

第三,体育活动的规律性和竞赛的本质有助于学生掌握合作与竞争的技巧。在体育教学过程中,学生不仅需要与自身的身体进行斗争,还必须与竞争对手进行合作和竞争。在这一学习过程中,学生不仅会学习如何尊重他们的竞争者,还会学习如何用冷静和激情去应对比赛中可能出现的各种状况,这也为他们在人际交往方面奠定了坚实的基础。

第四,体育教学不仅可以有效缓解学生的学习压力,还能增强他们的情感和精神健康状况。通过参与体育活动,学生有机会愉快地进行体育锻炼,从而释放自身压力、调整自身情绪,从而实现身心的和谐,并充满活力地面对课堂和日常生活中的各种考验。因此,体育教育在促进学生心理健康成长方面具有不可忽视的长远影响。

3.体育教学对学生综合素质的影响

体育教学对学生的整体素质产生的影响是不容小觑的。在体育活动中,学生需要全面地参与并进行有效的协调。这样的体验对学生在身体感知和肌肉活动管理上都产生了正面的效果。再者,在体育教学过程中,涉及的竞技体育、团队合作和各类体育活动,都对学生在团队沟通、自我管理、情感沟通和人际交往等多个方面的综合素质产生了明显的正面影响。

从另一个角度看,体育教学本身也展现出了其独特的教育魅力。该方法能够通过团队合作、分工协作和竞争、激励等多种方式来激发学生的自信和勇气,同时也能激发学生的自主探索、创造性思维和不断挑战自我的动力。这种教学方法对学生的高效学习和全面素质的提升具有极其重要的作用。

综合来看,体育教学在学生的个人成长与发展过程中起到了至关重要的作用。通过参与体育教学活动,学生的身体和心理健康都有可能获得显著的提升,它在提高学生的综合素质方面起到了至关重要的作用。因此,在学校的教育体系中,我们应当更加重视和提升体育教学的重要性,这样可以确保更多的学生从体育教学中受益。

二、体育教学的原则

体育教学的基本准则就是体育教学的原则。它涵盖了健康第一原则、因材施教原则、身心协调发展原则、知识技能并重原则。这套原则在体育教育领域占有举足轻重的地位,其核心目标是推动学生在身体和心理上的全面发展及健康的个人成长。

(一)健康第一原则

1.健康第一原则的重要性及要求

在体育教学过程中,健康始终是最核心的原则之一。该观点强调,教师在进行教学活动时,应优先考虑学生的身体健康,确保身体的健康状况是学生掌握体育相关知识和技巧的基础。健康构成了人类生活的根基,同时,体育作为一项有助于促进人体健康的活动,也应被视为人们日常生活中不可缺少的重要组成部分。

健康第一的原则不只是体育教育的核心准则,也是教师和学生在进行体育活动时必须始终铭记的关键准则。在进行体育教学活动时,健康至上的原则强调教师应首先关心学生的身体健康,深入了解他们的身体状况和体型,这样才能更有效地为学生制订训练方案。同时,为了保障学生的身体健康,教师有责任为学生创造一个优质的学习环境。教师应重视教学设施的安全和卫生状况的维护,以有效地预防和减少各类运动伤害的发生。

在进行体育教学时,教师应当重视培育学生的健康习惯和健康观念,指导他们形成均衡的饮食习惯、适当的体育锻炼和科学的减重方法等健康的生活习惯。只有在确保学生身体健康的基础上,教师才能更有效地进行体育教学,从而提升教学的质量。因此,在教师日常教学活动中,教师必须始终铭记"健康为先"的理念,并在授课时严格按照这一原则行事,确保学生在体育课程中能够全面而健康地成长。

2.健康第一原则在体育教学中的应用

在体育教学过程中,将健康放在首位是非常关键的一个原则。"健康第一"的原则强调,体育教师应当把学生的健康放在首位,并将学生的身体、心理和社交能力的培养看作是一个有机的整体。要实现这一过程,首要任务是让教师将健康作为首要原则,并在课堂教学活动中加以实施。

更具体地说,在进行体育教学时,教师需要根据学生不同年龄段的特性,合理地规划体育锻炼的强度和项目。以小学生为例,鉴于他们的生长和发育还不够稳定,教师应优先选择运动强度相对较低的体育活动,如轻量级的游戏、短跑和单项技能训练等,这样可以最大限度地减少对学生身体健康的负面影响。

在进行体育锻炼的时候,教师还需要点燃学生的学习热情,并提高他们的参与热情和主观能动性。在对学生进行体育锻炼的过程中,教师还需要有效地分散学生的注意力,并激励他们采用合适的方式来进行体育活动。

总体而言,体育教学中的健康第一原则与其教育目标有着紧密的联系。它不只是重视学生的身体健康,同时也强调学生在多个方面的综合素质的培养,这对现代学生的身心成长具有至关重要的意义。因此,在进行体育教学时,教师需要深入了解学生的实际状况,严格执行健康第一的原则,以促进学生在身体和心理上都得到均衡的健康成长。

3.健康第一原则的实践案例

在体育教学过程中,将健康放在首位是至关重要的,它能够为学生创造一个既健康又愉悦的体育教学氛围,使他们能更深入地体验到体育活动所带来的好处。接下来,我们将展示一些在体育教学中以健康为第一原则的实际应用案例。

首先是学术性的体育活动。学术体育代表了一种重视身体和心理健康、深入探索意义与规律,并采用科学方法进行体育锻炼的教育观念。该项目旨在培育学生具备基础的运动技巧和出色的身体状况,同时也让他们能够掌握知识和具备探究精神。在学术体育的教学活动中，教师要高度重视学生的身体健康，始终坚持健康为先的原则，确保学生在一个安全且合理的环境中进行体育锻炼。在学术体育实践活动中，教师会运用科学的教学方法，并选择合适的运动强度和运动量，以确保学生的身体得到全方位的锻炼。

其次是差异化的教学方法。"健康第一"的原则强调，在教学过程中，教师需要根据学生的年龄、性别和体质等多方面因素进行个性化的教学，以实现体育课程的差异化教学。在执行差异化的教学方法时，教师需要确保难度适中，这样学生才能真正感受到运动带来的自然之美和由运动带来的愉悦体验。

在教学过程中，教师必须重视学生的身体和心理特质，特别是针对小学生和中学生。由于小学生在身体和心理方面的发展还不够成熟，因此，教师应当重视培养他们的协调能力和适应性，同时也应避免对他们进行过度的专业训练。中学生正处于肌肉骨骼快速成长的阶段，因此，教师应当以科学的方法来指导他们的身体锻炼，确保他们掌握适当的锻炼强度和难度，以避免受伤或过度劳累的情况发生。

最后是实际操作活动。在进行体育教学时，教师可以利用多种实践活动，如野外探险、户外徒步、滑板运动等，来促进学生的身体健康。这类活动不仅有助于增强学生的勇气、毅力和体力，还能让他们体验到各种不同的体育文化和环境，从而提升他们的个人体验和审美能力。

总的来看，健康第一原则是体育教育中的一个至关重要的准则。在教育实践过程中，教师需要重视因材施教、科学的训练方法、适当的强度和避免过度训练，以确保学生的身心健康得到真正的保障。体育教师可以通过实施差异化的教学方法和实践活动，来促进学生的身体素质和全面发展，从而提高他们的体验和鉴赏能力。

(二)因材施教原则

1. 因材施教原则的概念

在体育的教学过程中，根据学生的特点进行教学是一个至关重要的指导方针。该观点强调,在教学活动中,教师有责任根据学生的个性、差异及他们掌握的知识和技能水平,来实施合适的教学方案以协助学生更好地学习。这样的教育方法更能满足学生的实际需求,使他们能在相对较短的时期内掌握更丰富的知识。

2.因材施教原则在体育教学中的应用

因材施教原则在体育教学中的应用非常广泛。教师常常通过分层教学、个别辅导等方式实施。例如在游泳教学中,对于已经掌握自由泳和仰泳基本技能的学生,可以开设蝶泳、背泳等高难度课程;而对于初学者,可以先带领他们在浅水区进行练习。这样一来,不仅能够使教学的难度适宜,同时也能够满足不同层次学生的需求[①]。尽管因材施教的理念在学术上具有深远的意义,但它只有在实际操作中才能得到真正的体现。许多班级和学校在实际操作中实施了如分组教学和分层教学这样的因材施教方法,并因此获得了积极的反馈。例如在某些体育赛事中,因材施教的理念为高水平的学生创造了更大的挑战空间,同时也为其他学生提供了更多参与比赛的机会,使他们能够得到更多的锻炼和提升。因此,在体育教学实践中,因材施教的原则应当受到高度的认可和广泛的推广。

3.因材施教原则在体育教学中的作用

一方面,采纳因材施教的策略,能够使教学过程更具目标性和实效性。针对各个年龄段的学生,教师应该根据他们的特点和身体需求进行有针对性的体育教学。例如为青春期的学生提供适当的力量训练,可以帮助他们的骨骼和肌肉更好地发展,从而促进身体的健康成长。根据学生的身体素质差异,教师可以制订合适的培训方案和教学方法,并确保学生每年都有所进步。

另一方面,因材施教的教学理念能够为学生带来更广泛的个性化选择机会。在选择体育项目时,教师应当尊重学生的兴趣和选择,并在体育

---

① 傅纪良,王裕桂.实用游泳教程[M].北京:海洋出版社,2020.

课程中为他们提供更广泛的选择机会。通过对选项的适当调整,能够点燃学生的学习热情和积极性,从而提升他们的学习效果。同时,根据学生的特点进行教学的原则强调,教师应该给予学生足够的关心和支持,确保他们在体育教学中体验到成就感和成功的喜悦。

总的来说,在体育教学领域,因材施教的理念显得尤为关键。此方法能够确保学生在体育教育过程中获得足够的关心与支援,最大化地挖掘学生的能力和特长,进而推动学生的身心全面成长与和谐发展。

4. 因材施教原则的实践

在体育教学中,因材施教理念被视为一个至关重要的教学准则。其核心思想是强调学生之间的个体差异。为了帮助学生更深入地理解和掌握知识与技巧,教师应当依据学生的独特性来设计有针对性的教学计划和方法。

在教学实践中,教师应当根据学生的特点进行教学,并重视学生之间的个体差异。例如某些学生的身体活动能力相对较强,而有些学生的身体状况则稍显不足。面对这种状况,教师应依据学生的身体状况,策划各种不同难度的培训课程。对于身体状况较好的学生,教师可以选择更具挑战性的训练内容进行教学;而对于身体状况不佳的学生,教师应当选择更为简洁的训练内容,从而逐渐提高他们的身体健康水平。

除了这些,学生在体育技巧上的差异也是非常突出的。部分学生由于其天生的运动细胞较为发达,因此,在学习体育技巧时能够轻松掌握关键技巧;而另一些学生则面临学习上的挑战,这需要他们投入更多的时间和更多的耐心。在这样的背景下,教师应依据学生的实际技能水平来设定各种不同的训练难度,并营造一个富有趣味性的学习环境,以激发学生的主动学习热情和参与度。举例来说,在教授篮球运球技巧的过程中,教师要指导有能力的学生如何自由组合练习内容,并鼓励他们自主创新练习方法,以掌握运球的关键技巧;对于那些刚开始学习的学生来说,教师应当关注具体的指导要点,并逐步增强他们的技能熟练度。

此外,在制定教学内容时,根据学生的特点进行教学是非常有益的。教师在制订教学计划和内容时,应充分考虑学生的具体需求和实际状况。某些学生可能对特定领域的体育活动表现出较高的兴趣,但对于某些特定的体育项目则可能缺乏兴趣。在当前的教学环境下,教师需要根据学生的个人兴趣和爱好,采用多样化的教学方法,设计多样化的体育活动场景,并将教学内容具体化,以便让学生在一个轻松和愉快的学习氛围中,更好地掌握体育知识,并进一步提升他们在身心方面的协调发展水平。

综合来看,因材施教原则在目前的体育教学中占据了核心地位,教师应该在教学的每一个环节中都贯彻这一原则。考虑到学生之间的个体差异,教师应当设计出符合其特点的教学方案和方法。唯有采用这种方法,才能更有效地激发学生的学习热情,提高他们技能掌握的熟练度,真正实现以健康为首要目标,同时注重学生身心的协调发展和知识技能的平衡,最终实现学生终身参与体育活动的目标。

(三)身心协调发展原则

1.身心协调发展原则的概念

在体育教学中,身心协调发展原则被视为至关重要的一项原则。这一原则旨在通过各种体育活动,如运动和游戏,来促进学生在身体和心理方面的全面发展,并确保二者能够和谐发展。身心协调发展的核心思想在于激发学生的主观能动性、培育他们独立锻炼的技能、加强他们的自我意识和自我管理能力,从而有助于学生身心的全面健康成长。

在体育教学中,身心协调发展的原则旨在促进学生身体、心理和神经系统方面的全面和谐发展,以实现学生身心健康和正常成长的目标。身心协调发展原则不仅是四项体育教学原则中的一个,而且也是体育课堂教学中的一个关键组成部分。

从生理角度看,人体内的各种器官和系统都是相互联系和相互制衡的,因此,在进行运动的过程中,各个器官和系统之间的相互适应和协调是非常必要的。在体育教学过程中,为学生提供各种运动项目的培训,有助于学生增强运动器官的适应性,全方位地提高他们的身体素质和运动技巧,同时也有助于学生内分泌、呼吸和消化等多个系统的和谐发展。

从心理角度看,身体素质的增强与心理素质的进一步完善是紧密相连并互相影响的。教师在进行体育教学时,必须深入思考每个学生的心理需求和特点,从而培养学生的自信、决心和创新能力。学生参与体育活动不仅有助于缓解紧张的心情和减少压力,还能主动地激发热情,从而提升自我调节的能力。

2. 身心协调发展原则在体育教学中的应用

在进行体育教学时,遵循身心协调发展的原则需要注意以下三个关键点:首先,教师要基于学生的身体和心理状况,为各种学生设计差异化的教学计划,确保学生在体育活动中得到身体锻炼和心灵的满足;此外,教师还须深化自己的理论探索和实践教学经验的累积,持续创新教学策略和工具,以激发学生对体育知识和技巧的学习兴趣和热忱;最终,教师应当高度重视对学生的身体和心理状况的观察与评估,适时地调整和优化教学方法,以确保身心协调发展原则能在体育教学实践中得到真正的执行和落实。

更具体地说,在体育教学中,身心协调发展原则可以从多个维度得到体现。例如为了满足学生的成长需求,教师可以选择各种与学生实际需求相匹配的体育和游戏活动。教师可以根据学生的年龄、性别和运动能力的差异,选择不同的难度、程度和竞技方式的运动和游戏项目,这样可以确保学生得到适当的身心锻炼。除了这些,教师还可以运用积极主动的评估方法和适当的指导策略,以激励和指导学生之间的合作和支持,从而更好地体现身心协调发展的原则。

在行业的实际操作中,身心协调发展的原则已经在课程设计、运动组合、疾病的预防与恢复、体育心理辅导等多个领域得到了广泛的应用,并已经取得了很好的效果。例如在某些儿童体育活动中,采用有趣且具有挑战性的体育活动来促进儿童的身心和谐发展,不仅可以显著提高儿童的身体素质和运动表现,还可以在心理和社交方面对其产生积极的影响。

总结来说,在体育教学活动中,正确执行身心协调发展原则应涵盖以下四个关键方面:首先是精心设计科学的教学主题和训练方案,以便全面提升学生的身体素质和技能水平;其次是强调学生的独立选择与参与,目的是激发他们的学习热情和主动性;再次是根据学生不同的心理需求和特点,为他们量身定制学习目标和教育方法,以实现因材施教的教学效果;最后是强调对学生的认可和鼓励,以增强学生的自我管理和自我调整的能力。

在体育教学领域,身心协调发展的原则具有极高的重要性。只有当教师深刻地执行这一核心原则,并根据具体情境进行创新与完善时,才能确保学生在身体和心理上都得到全面的健康成长,从而推动体育行业的持续进步。

3.身心协调发展原则的实践案例

在体育教学实践中,遵循身心协调发展的原则不仅需要加强学生身体各部分的技能培训,而且更加重视通过口头传授和身体示范来激发学生的内在潜能。在进行体育教学时,教师不应仅仅追求学生的成绩,更应强调学生间的相互支持和学习,以培养他们根据个人潜能发挥特长的能力。

例如在足球课程中,教师可以设计一些足球训练的小游戏,让学生在参与的过程中加强身体的协调性、身体意识和配合意识,同时,这些游戏也会更容易让学生对足球这项运动有更深的了解;在跳远的训练过程中,教师应当激励学生克服自身的想象障碍,努力提高跳跃的高度和距离,并在训练过程中深入挖掘学生的跳跃潜能。在这种训练模式下,学生不仅能更积极地参与各种活动,还能逐步加深对自身身体潜能的了解。

身心协调发展的原则不只是强调肌肉力量的锻炼,而是在训练过程中更加注重身心的全面发展。教师可以通过各种体育活动,如瑜伽和武术,帮助学生调整姿势和呼吸,从而促进学生身心的协调发展。

(四)知识技能并重原则

1.知识技能并重原则的概念

"知识技能并重"的原则强调,在体育教学活动中,教师应确保学生在学习过程中所掌握的知识和技能得到均衡的发展。提出这一原则的初衷是为了解决过去那种过于强调技能而忽视知识,或者仅仅关注知识而不重视技能的教学方法所带来的问题。因此,平衡知识与技能的原则被认为是全方位提高学生综合素质的关键保障。

在体育教学中,知识与技能的平衡是一个至关重要的原则。这一原则强调,在体育教学过程中,教师除了传授学生体育知识外,更应重视对学生体育技能的培育和提升。其中,知识的教授能够帮助学生更好地理解体育运动的规律、技术、历史和规则。而技能的培养则是指通过实际的动作训练、练习和比赛来提升学生的体育技能,使他们在实际的运动中变得更加熟练和出色。

2.知识技能并重原则在体育教学中的应用

在体育的教育过程中,知识与技能的核心地位是显而易见的。在教学过程中,教师要采用多种策略来确保学生知识和技能的全面发展,如精心策划教学内容和科学地选择教学手段等。接下来,我们将探讨在体育教学中如何平衡知识与技能的原则。

从一个角度看,体育知识的教授可以采用如指导、解释、讨论和展示等多种方法来向学生传授。例如在篮球的教学过程中,教师可以通过详细讲解篮球的规则、历史背景和技术动作等,使学生对篮球运动的基本规律和核心精神有一个全方位的了解。这种做法有助于激发学生对体育的热情,并为他们建立健康的体育观念提供稳固的基石。

从另一个角度看,体育技巧的培育主要依赖于实际操作和持续练习。教师可以选择多种教学策略,如启蒙、示范、对话和互动等,以帮助学生更好地进行动作训练和实践。例如在篮球的教学过程中,教师可以采用实验课的方式,根据学生的能力和特性将他们分成不同的组别,并为他们设计各种难度的练习,这样可以有效地提高学生的体育技巧。

另外,在体育教学过程中,强调知识和技能的平衡也意味着教师需要根据学生的具体情况来进行教学。例如体育教师需要巧妙地利用个体间的差异,并最大化地利用学科教师在指导和辅导过程中的能力。

在具体的教育实践中,教师可以实施各种策略来确保知识和技能的平衡发展。首先,教材的编写需要进行适当的优化,如在知识传递方面,应增强教材的科普性质,以便学生能更好地理解与他们所学课程有关的理论内容;在技能培训方面,教师应该更加注重实践操作,确保学生能够通过实际活动来掌握实际的技能。再者,在教学活动中,教师应当采纳生动且形象的教学策略,利用多种教学工具,使学生在学习的旅程中感受到更多的快乐和主动性,进而激发他们的学习热情和主动性。

另外,在遵循知识与技能并重的教学实践中,教师可以根据学生的具体需求,选择多种教学策略。对于那些技能不够熟练的学生,教师可以通过分阶段的操作和深入的讲解,逐步帮助他们掌握所需的技能;对于那些知识掌握不够深入的学生,教师可以通过深入解析课文和案例研究等方法,帮助他们更好地理解和掌握各个知识点。

总的来说,在体育教学中,知识与技能并重的原则占据了至关重要的位置和作用。它展示了体育教学的全面和科学的特点。在实际教学过程中,教师需要科学地应用这一教学原则,并以创新的方式组织和规划体育教学活动,以提升学生的整体素质和学习能力。

3. 知识技能并重原则的实践案例

在体育的教学过程中,知识与技能并重的原则显得尤为关键。这一原则鼓励学生在掌握运动技巧的过程中,也要深入了解其背后的知识体系。接下来,我们将借助实际案例,深入探讨知识与技能并重原则的实际应用。

首先,教师应当高度重视知识的教授。在学生开始学习运动技巧之前,教师应当先为他们普及解剖学、生理学等相关领域的知识。通过教授这些知识,学生可以更深入地掌握运动技能背后的理念,并了解如何正确地表达运动技能。例如在篮球投篮技巧的学习过程中,通过深入了解肱骨、尺骨和桡骨之间的相互关系,学生可以更加精准地掌握如何摆放手臂,从而实现更出色的投篮表现。

其次,教师应当重视技能培训的重要性。在教授了知识之后,教师应当有条不紊地指导学生如何恰当地掌握各种运动技巧。在实际操作中,教师应当关注每一个小细节,并为学生所面临的问题提供有力的指导。例如在掌握足球射门的技巧过程中,教师应当教导学生如何精准地控制射门的力度和方向,以及如何成功地勾住球和完成弧线动作等。

最后,教师需要重视知识和技能的融合。当学生掌握了必要的知识和技巧后,教师就应当着手整合这些知识和技能。这一过程着重于培养学生在知识和技能方面的综合运用能力。例如在进行篮球比赛的时候,让学生分别扮演球员和裁判的角色,有助于学生综合运用所学的知识和技能,从而实现更好的学习效果。

第二节　体教融合的发展

一、体教融合的发展基础

(一)体教融合概念

体教融合要尊重人的发展。因此,在通过玩学结合培养高绩效人才的过程中,第一,树立竞技体育是教育的一部分、体育竞技是育人手段的观念;第二,在实践中,体育和教育应该结合,搞好关系,不仅仅是在微观层面,运动员应该获得学习的权利,使他们成为一个有能力的人,而且在中观层面,这个过程应通过训练比赛使运动员融入学校的教育环境;第三,在宏观层面,体育部门应将专项技能训练与课堂相衔接。体教融合不是二者的简单结合,也不是教育和比赛传播的利益相加,而是体育、教育和信息化发展这三个要素的高度融合。它将以人的发展为最终目标,把发展科学作为达到目的的依据和途径。体教融合是指体育训练和教育的重大变革,旨在确保年轻运动员在初次接触体育运动的同时,获得学校所有的学业和社会机会[①]。

(二)体教融合的特征

体教融合的诞生源于体教结合的理念。相较于体教结合的方式,它展现出了如下四个特征:

1.培养目标的长远性

体育比赛的教学与教育紧密相连,其中,教育在体育比赛的教学过程中占据了核心位置。从多个角度出发,我们需要改变学校组建运动队、招募专业运动员及追求短期利益的做法,并为体育赛事分配专门的资源。

2.培养主体的唯一性

在体育与教育的结合过程中,存在两大核心参与者:体育和教育。这两个主体之间的品牌规划存在冲突,这限制了体育竞技的进一步发展。在教育体系中融入体育的专项训练技巧,并将体育的各种资源纳入其中,同时鼓励学生不仅仅将其作为一个训练项目来学习,这是至关重要的。要想最大限度地利用启蒙教育的潜能,体育部门可以充分利用教育部门提供的教育资源,以协助运动员的选拔和教练员的培训,确保责任和两项基本原则得到明确,利益清晰,避免错误和试验。

3.培养对象的业余性

专门针对竞技体育的技术训练是一种训练与实践相结合的方式,其核心目标是以学员为中心,全面考虑各个方面的发展,并以学员的需求和发展为核心,以促进全体学员的道德观念、智慧与身体健康的全面成长。这种教育方式不仅为学生提供了文化学习的机会,同时也对他们进行了深入的文化熏陶,对运动员的选拔也起到了积极的推动作用,帮助他们发掘出许多与众不同的技能,这对体育比赛的长远发展具有深远的影响。

4.培养过程的科学性

体育比赛、专业技能培训与教育的结合,体育资源与教育的结合,特

---

① 周红萍.校园足球建设的审视与未来发展研究[M].北京:中国原子能出版社,2018.

别是体育科学家和高级教练的结合,都加速了学校运动员的培训进程。运动训练的科学化程度在很大程度上依赖于教练员的专业能力和保障人员的技术水平。一流的教练员不只是掌握了顶级的运动技巧,他们还具备独特的理论知识,这对维持他们的专业技能和提高整体水平是至关重要的。

(三)阳光体育是体教融合的群众基础,是体育教育的重要组成部分

阳光体育的核心目标是在全国范围内推广太阳能运动,吸引年轻人到公园、大自然和阳光下参与各种体育活动,从而激发他们对体育锻炼的热情和养成良好的习惯,同时也有助于提升学生的身体素质和促进其身心健康。这些建议的活动与学校的体育及体育课程密切相关;通过参与体育活动,可以加强人们对终身运动的认识,并培养人们主动参与运动的好习惯;阳光体育目标是建立一个体育大国,确立全民体育的"健康至上"原则,并坚持每天进行1小时的锻炼,追求五十年的健康。

"快乐一生"这一口号已经变成了众所周知的标语。这代表了学校体育在创新和文化价值方面的重要性,同时也突出了健康和力量的重要性。遵循"健康第一"的原则,采取以支持教育改革、青少年身体健康和学校体育活动为核心主题的关键行动。阳光体育的发展在从"体教结合"向"体教融合"的转型中起到了至关重要的作用,为"体教融合"打下坚实的基础。

二、体教融合的发展趋势

(一)体教融合的深化研究

体教结合的研究领域已经得到了更为广泛和深入的探讨。除了对体教融合和体教结合等议题的重视外,竞技体育方面的研究,如运动员的培训、高水平的运动团队、学术与训练之间的矛盾等,也开始受到越来越多人的关注。

(二)体教融合发展新时期

随着《健康中国2030规划纲要》的发布和执行,体育与教育的融合在

推动学校体育进步、增强青少年体质及实现"健康中国"目标方面的重要性越来越受到公众的关注和重视。因此,关于体教融合的研究也逐渐增多。以促进学校体育发展为出发点,并以培养更多优秀竞技体育后备人才为基础,本文对体教融合发展中存在的问题、挑战和瓶颈进行了深入探讨。因此,我们可以推断,在这段时间里,体育研究的焦点逐步从竞技体育转移到了校园足球体育教育、培训模式、后备人才的培养、学校体育、青少年体育、校内体育工作、校外体育和体教融合等多个方面。这些研究内容与当前的发展战略高度吻合,融合的理念也与发展战略一致,这表明体教融合对促进学校体育和竞技体育的协调发展具有极其重要的意义。在《关于深化体教融合促进青少年健康发展意见》这一宏观背景之下,体教融合已经步入了一个全新的发展时期,与此相关的学术研究也进入了一个全新的发展阶段,这不仅是一个值得密切关注的议题,同时也是一个需要进一步深入研究和探索的问题。

三、体教融合的概述

体育与教育的融合,作为一种结合体育与教育的创新改革策略,已逐步被教育领域和体育界视为共同的研究焦点。经历了多年的深入探索,体教融合的研究方向已经从宏观层面转向了微观层面,并呈现出逐步深化的明显趋势。从一个广泛的联系视角来看,它的历史背景和政策方向的发展趋势是显而易见的。

(一)体育教育与教育体育的定义与内容及其区别与联系

1.体育教育的定义与内容

体育教育是一种通过体育活动来实现教育目标的教育方式。这个教育过程的核心目标是培育学生的身心健康、增强身体素质及提高他们的运动技巧。该方法不仅有助于培育学生出色的身体条件,还能培养他们在团队协作、竞争精神、自我约束及对抗性情感等多个方面的综合能力。

体育教育涵盖了多个方面,包括体育课程的设计、体育技能培训、各类体育比赛及组织和管理等。体育课程的设计应当是完善和全面的,并且应包括各种体育活动,以满足不同年龄层学生的需求。在体育技能的培训上,教师应当重视对学生的体育能力的教授,确保学生掌握多种体育活动的技巧和准则。此外,在体育比赛和组织管理的过程中,教师应当重视培养学生的团队协作精神、竞争观念及自我管理的技能。

在执行体育教育时,教育者也应致力于持续优化教学策略和工具,以更好地满足学生的实际需求和现代社会的进步标准。只有将体育教育整合到课堂教学和学校的日常管理中,才能更好地发挥其教育功能,促进学生的全面发展。

2. 教育体育的定义与内容

教育体育是一种将体育活动作为教学工具,将体育活动有机地整合到教育和教学过程中,以促进学生个性的全方位发展,提升教育和教学的质量,实现增强体质、磨炼意志、陶冶情操的目标的教育方式。

教育体育的课程内容不仅涵盖了学习和掌握各类体育活动所需的技能、方法和策略,还包括了普及学生的体育知识,培养学生的心理品质,以及提升他们的道德和文化修养等内容。在教育体育方面,教师不仅需要强调科学性和人文性,教授学生如何以健康、安全和规范的方式进行体育活动,还应着重于引导学生建立正确的价值观和行为规范,以促进学生的全面发展,培养他们的个性和创造力,以及帮助他们形成健康的身心状态和积极的人生态度。

综合来看,教育体育实质上是一种以教学活动为核心的体育实践方式。它不只是继承了传统体育教育的技巧和竞技性质,更是强调学生在身体、心理、道德等多个领域的全方位培育。它有利于学生形成健康、积极进取的社会主义人格。

3. 体育教育与教育体育的联系与区别

尽管体育教育和教育体育在外观上看起来很相似,但实际上它们之间有着显著的差异和紧密的联系。体育教育是指运动员为了参与现代体育比赛而进行的体育锻炼和技术培训;教育体育的核心理念是从人的全方位发展出发,通过体育锻炼和各种运动比赛来达到培养人才和推动社会进步的目的。简而言之,体育教育的核心目标是运动,而教育体育的核心目标则是教育。

体育教育与教育体育之间有着紧密的联系,它们相互补足,共同推动发展。在对运动员进行培训的过程中,体育教育有助于学生知识的积累、道德的塑造和思维的进步,而教育体育则使学生的体育观念和兴趣得到了培养,有助于他们更深入地融入社会并培养出积极乐观的生活态度。

尽管如此,体育教育与教育体育各自具有独特的性质和区别。在运动员的培训过程中,体育教育更多地侧重于技能的外部训练和比赛表现,强调技能的练习和成绩的提升,而教育体育则更注重学生的全面发展和终身体育,旨在培养学生的积极、全面的发展能力。

另外,在教育目标方面,体育教育与教育体育之间也存在明显的不同。体育教育的目标是通过体育锻炼来增强学生的运动技能和竞技表现,加强他们的体育观念和技巧,并激励他们为国家赢得荣誉,成为杰出的运动员;教育体育更偏向于利用体育活动和竞技运动作为传播手段,旨在全面提升学生的身体和心理素质、促进他们的身心健康,从而让他们在快乐、自信和健康的环境中成长。

综合来看,体育教育与教育体育之间既存在深厚的联系,同时也有其独特的性质和差异。教育工作者在深入了解这二者的基础上,应同时考虑它们的特性,并将它们有机地结合在一起,以实现促进学生全面发展的目标。

(二)体教融合的概念、内涵与分类

1.体教融合的概念

体教融合意味着在学校的体育教育和训练中,将教育和训练紧密结合,从而创造出一种创新的教学方法。更具体地说,体教融合意味着将体育和教育紧密结合,以实现体育教育和体育训练的更优效果。在此过程中,我们的教学目标旨在培育学生的身体健康的同时,确保素质教育的完

整性得到体现。这表明,体育与教育的融合更加注重学生的整体成长,强调对学生的全面素质和技能的培养,而不只是关注他们的运动技巧或成绩。

体教融合这一概念不仅揭示了体育教育与体育训练之间的紧密联系,而且进一步证明了它代表了一种全方位的教育观念。体育与教育的融合是一种全面的教学方法,它强调了身体锻炼的价值,并同时考虑到每个人的个性成长,这在实践中具有重要意义。因此,体育与教育的融合实践不只是关心体育评估标准的演变,还着眼于学生的身体和心理健康的整体进步。体育教育与教育教学、体育文化、社会文化和文化传承等多个方面的整合,共同提升了体育教学的质量,并丰富了体育教育的内涵。

因此,体教融合这一概念具有相当广泛的内涵,覆盖了多个不同的领域,并且在教育和社会方面都具有极高的价值和意义。明确体教融合的具体含义不仅能为教育和教学活动提供多种不同的观点和思考路径,还能为体育教育和训练的实际操作提供有力的指导,进一步推动体教融合教学的持续深化和拓展。

2. 体教融合的内涵

体教融合涵盖了两大核心内容:首先是学科内部的整合,也就是将体育与其他学科紧密结合,从而在知识、技巧和态度上达到某种程度的融合;第二点是各学科之间的整合,这意味着追求学科间的交融和整合,以促进知识和技能的相互补充和转移。在这两个维度的相互影响之下,体育与教育的融合内涵正在逐步加深和丰富。

体教融合学科的内部整合主要集中在两个核心领域:首先是教育学与体育学的结合,这涉及体育教育观念与教育学思维的结合,以及体育教育手段与教育学方法的结合等方面;其次,体育学科与其他多个学科如生物学、心理学和社会学等进行了深度融合。体育与其他学科的结合不仅能够拓宽体育学科的研究范围和深度,还能为其他学科提供新的视角和解决问题的方法。

此外,体教融合的学科间的整合加强了不同学科间的互动和合作,这对跨学科的研究是有益的,进而可以提升研究成果的品质和标准。例如将运动生理学与运动心理学相结合,可以帮助研究人员更深入地理解人体运动的原理,从而为运动训练和健康管理提供更加科学的指导。

总体而言,体育与教育的融合涵盖了多个维度和复杂性,这需要我们持续地进行深化和拓展。只有当我们更加深入地促进学科之间和学科内部的融合时,体育与教育的结合才能在实际操作中得到真正的执行。

3.体教融合的分类

体教融合的分类可以从多种视角进行探讨,接下来我们会从三个维度进行深入的分类研究。

首先,从融合方式的视角出发,体育与教育的融合可以被划分为直接融合与间接融合这两大类。直接融合描述的是体育与教育通过相互渗透和融合的方式,实现相互推动和协同发展的综合过程;所谓的间接融合,意味着体育与教育的发展并不是在同一个环境中进行的,而是在不同的环境中,通过各种相关的策略和手段实现相互的支持和贡献。

其次,从融合的深度和广度来看,体育与教育的融合可以被划分为浅层融合和深层融合。所谓的浅层融合,是指体育与教育在形式上的结合,如简单的体育与教育课程的结合,或是单一项目课程的整合等;深层融合涉及体育与教育之间的相互影响和覆盖,这包括在课堂教学中融入体育相关的元素,以及在体育教学过程中融入教育相关的元素等。

最后,从执行主体的视角出发,体育与教育的融合可以被划分为政府主导、学校主导和中间组织主导这三种不同的模式。在政府的主导下,体教融合意味着政府利用各种相关的法律、规划和政策措施,来引领、推动并加速体教融合的进程;学校主导的体教融合指的是学校通过制定课程、培训教师等方式,推动体教融合的进步;由中间组织主导的体教融合指的是社会组织和企业等多方力量,通过各种相关的措施和活动,来促进体教融合的持续发展。

从上述的分类研究中,我们可以观察到体教融合的方式和深度不仅与学校的教育体系紧密相关,还与政府、社会团体、企业等多个实体有所联系。因此,为了更有效地利用体教融合的潜能,我们需要根据不同的执行主体来制定相应的体教融合策略。

(三)体教融合的实践与探索

1.体教融合的实践内容

体教融合的实际案例是在坚实的理论支撑下,以探索的方式进行的。下面列出了在实际操作中三个体教融合表现良好的活动主题。

(1)学校组织了以"半面日"为核心主题的各种活动。此次活动不仅融合了汉字书法、唐诗、指南车、六和塔、将棋等多种文化元素,还涵盖了篮球、泳装展示和游骑兵等多种体育活动。这项活动不仅让学生在实际操作中更深入地认识和体验中日两国文化的差异和相似性,同时也提升了他们对各种体育活动的热情和兴趣。

(2)中小学生参与的"阳光体育计划"让体育与教育的融合方式得到了广泛的采纳。例如学校通过实施"阳光体育计划",激励学生参与各类小组活动、竞赛和其他体育推广活动。这不仅让学生在体育活动中得到了身体锻炼,还在锻炼过程中培养了他们的团队合作精神。这也使得良好的体育习惯越来越受到家长、教师和学生的重视和认可。

(3)为了满足具有特殊运动才能的学生的需求,学校专门为他们设计了一支"特色运动队"。这支队伍不仅专注于学生的专业训练,还在一些与体育相关的课程中,根据学生的具体需求,提供了一系列如武术表演、体育科学、人体运动学和戏剧体育等有助于培养学生特殊才能的课程。这种做法不仅对学生的个人成长大有裨益,同时也为他们未来的生活旅程奠定了坚实的基础。

综合来看,上述的三个活动主题均能带来积极的实践反馈。在日常的生活和学习过程中,我们应该更加重视体育与文化的融合,更深入地体验和感受各种文化和体育活动,并持续推进体育与教育的融合进程。

2.体教融合的成功经验

在当前的教育界,体育与教育的融合成为一个备受关注的议题。它在实际操作和尝试中也获得了某种程度的成功。在研究体教融合时,我们必须重视其成功的经验和存在的不足,这样才能更有效地推动这一领域的进步。

首先,在执行体教融合的教育策略时,必须依据各个年龄段和各种特性的学生,设计各种不同的教学策略和计划。这种做法有助于激发学生的学习热情,并让他们在教学活动中获得更为深刻的体验。其次,教师的职业教育程度也被视为核心要素。教师只有拥有精湛的专业技能和创新思维,才能在教学过程中更有效地融合体育与教育,从而充分体现体育教育的真正价值。

此外,为了更有效地推动体育与教育的融合,政府、教育机构和社会各界都需要动员各种资源,营造积极的教育环境和氛围,以共同促进教育体制的改革。政府可以指导并鼓励教育机构在体育教育领域进行创新活动;学校可以优化其公共设备和教育工具,从而更高效地使用教育资源;社会可以给予教育更多的援助和支持,从而推动体育与教育的融合体系逐渐形成。

(四)体教融合的未来发展趋势

1.体教融合的未来发展方向

鉴于当前社会的发展趋势,体育与教育的融合在未来展现出巨大的发展潜力。考虑到目前体育教育所面临的挑战,未来体育与教育的融合应该向以下四个方向发展。

(1)推进教育教学改革

随着教育和教学环境及方式的持续演变,传统的体育教学手段已经无法满足现代社会的多样化需求。因此,未来的体教融合教育必须面对新的挑战,并持续推动教育和教学的改革。在制定课程时,我们需要巧妙地融合体育与教育的各自长处，以促进学生的多方面成长为核心，强调学科的整合和知识的融合，努力提升教师的教学能力和品质，并为学生创造优质的教育和教学氛围。

（2）建立健全评价制度

为了推动体教融合的未来发展，有必要构建一个全面、客观和科学的评价体系，以促进学生的全面成长。在体育评价中，我们应当重视学生的身体状况；在进行教育评估时，我们应当重视学生的认知水平、语言沟通技巧及整体素养。建立评价制度不仅要满足体教融合的总体目标，还需要根据学生不同的年龄、性别、体质等因素来制定不同的评价标准。

（3）强化实践教学环节

体育与教育的结合不应仅仅局限于理论层面，更应在实际的教学过程中得到真正的体现。在将来的成长过程中，我们应该更加重视实际操作，通过真实的场景、实际的培训和真实的比赛来促进学生的全面发展。在实践教学中，我们应当最大化地利用数字技术，借助现代体育设备、智能数据收集和先进的管理策略，为学生提供更为深入和系统的指导。

（4）推动国际体教融合的发展

随着全球化进程的加速，未来的体育与教育融合也应更多地关注与国际标准的对接。在全球化的大背景之下，我们可以更加有效地促进中外在教育和教学方面的经验交流，挖掘中外文化的独特优势，并共同推动体育与教育领域的持续发展。与此同时，在与国际的交往中，我们也应当深入挖掘和传承我国的传统文化，以便让外部更深入地了解我国在体育和教育领域的成就。

在未来的体育与教育融合进程中，教育和教学改革、评估体系的构建、实践教学环节的加强，以及国际交流的推动等，都将成为非常关键的发展方向。只有持续地进行探索与实践，才能确保体教融合的思想持续壮大，并让更多的学生体验到体育与教育所带来的好处。

2.体教融合的未来展望

随着社会的持续进步和发展,体育活动作为一种对身体和心灵都有益的生活方式,已经受到了大众的广泛关注。体育活动和教育在学校的讲台上已经不再是独立的存在,二者的融合已逐渐成为一种普遍趋势,这也体现了体育与教育融合的深远意义。

在未来,伴随着互联网和其他科技的飞速进步,体育与教育的融合方式将持续地进行创新。我们可以预期,教育与体育的结合将会更为深入。作为学校教育体系中不可或缺的一部分,体育课程将会获得更广泛的社会关注和支持;体育与其他领域,例如自然科学和社会科学的交融,也将受到更广泛的研究和实际应用。

尽管体育活动已经深深融入我们的日常生活中,但由于多种因素,普及全民健身的努力并未达到预期效果,这为体育教育和体育行业提供了巨大的发展空间。展望未来,随着体育行业的持续扩张和国家对其的大力支持,与体育相关的各种服务和事业将会不断涌现,这也意味着体育与教育的融合将变得更为紧密和丰富。

我们可以预期,在体育与教育的共同推动下,未来的人们会变得更为健康和充满活力,与此同时,体育活动也将逐渐融入人们的日常生活中。

四、体教融合的意义、促进策略及其评估与作用

体教融合是我国体育领域当前的一次适时的刷新,它生动地展现了在德、智、体、美、劳教育中体育的精髓。如今,体育与教育的结合已经变成了推动青少年健康成长的关键策略。这是一个庞大的项目,涵盖了众多的复杂元素。但是,在推动的过程中,由于体制和机制等因素,存在一些困难。特别是在高校中,体育生和非体育生的融合不够充分,而且对这两类群体的融合研究还相对较少。因此,本节旨在探索体教融合的推进策略,研究如何更好地推动两种群体的融合,以及如何更好地实践体教融合。

（一）体教融合的意义

1.促进身体健康和发展

促进身体的健康与发展是体教融合的核心目标之一。将体育教育与传统教育结合起来，能够显著增强学生的身体素质，并进一步推动他们的身体健康与发展。体育教育的核心是对学生进行身体锻炼，并培育他们的意志力。它拥有独到的运动教育作用。普通教育注重对学生的思维、文化和智慧的培养，起到了传授知识的作用。体教融合能够将这两种教学方法结合起来，形成一个多样化的教育结构，确保学生从各个角度接受教育，进而促进他们的身体健康和全面发展。

推动身体的健康与成长是体教融合带来的最突出的好处之一。首先要明确的是，通过体育锻炼，学生的身体健康状况可以得到显著的提高。研究发现，定期进行体育锻炼能够增强学生的心肺功能和肌肉耐力，提高他们的免疫力和身体抵抗力，从而预防疾病的发生。此外，体育教育也有助于增强学生的意志力。参与体育活动有助于培养学生健康生活的观念，并提高他们面对挫折的韧性。体教融合能够最大限度地发挥这种知识和体能的融合，从而培育出多才多艺、积极健康、知识与实践相结合的"全方位人才"。

采纳体教融合的教育方法可以有效地培育出拥有健康注意力、健康观念、健康心理及健康行为习惯的学生。众多实践经验表明，体育与教育的融合对提升学生的身体健康状况、扩大他们的学习机会及推动他们的全方位成长都产生了显著的正面影响。因此，我们应当高度重视体教融合的教育方式，并在实际的教育实践中确保其得到有力的推动。

2.提升教育质量和效果

在推动体育与教育的融合进程中，提高教育的品质和成果是一个至关重要且不能被轻视的环节。从教育的角度看，体育教育作为一种核心的教育方式，与传统的学科课堂教学相结合，可以为学生提供全新的学习感受和更为深刻的教育意义。

首先,体育教育的核心目标是培育学生在身体和心理上的全方位发展。体育锻炼不仅有助于提升学生的整体健康状况,同时也能增强他们的身体免疫系统和抵抗压力的能力,从而有助于其身心健康的全面发展。在教育过程中,采用体育锻炼的方式来增强学生的学业表现、培育他们的自信和独立思考能力,是提高教育品质和成果的关键手段。

再者,在体育与教学相结合的教学模式中,将体育锻炼与学科教学紧密融合,有助于学生更深入地理解和掌握相关学科的知识。例如在语文课堂中,利用体育活动来进行语言的表达和交流,不仅可以丰富学科知识的深度,还能帮助学生更好地理解和应用语言知识,从而提高学生的语言应用能力;同理,在数学、物理等学科的教学过程中,体育元素也可以被整合进去,这样既可以增强学生对学科的兴趣,又能够提高他们学习的积极性和主动性。

最后,体育教育不仅可以培育学生的人文情怀,还能增强他们的社交技能,这对提高教育的品质和成果具有至关重要的作用。学生通过参与各种体育活动和比赛,不仅可以锻炼自己的团队协作和领导才能,还可以深入了解各种文化、传统和道德标准,从而丰富自己的人文知识和素养。

因此,我们可以断言,推动体育与教育的深度融合是提高教育的品质和成果的关键途径。只有当我们深入理解其丰富的教育价值时,才能更有效地执行教育任务,为学生的全方位成长和发展奠定坚实的基础。

3. 培养全面人才

体教融合的一个核心目标是培育全面人才。在传统的教学模式中,教师过分重视学生的学业表现,而学生往往只关心如何取得成绩,却忽略了对个人全面素质的培育。但是,在体教融合的实践中,学生将获得更多的机遇和时间来培养自身的非认知能力。通过积极参与各种体育活动,学生能够深刻感受到团队协作、团队精神、努力拼搏和坚韧不拔的重要性。除此之外,参与体育活动也能有效地帮助学生提升自信、勇气及毅力。这些特质都是全面发展人才所必需的。

与此同时,体育教育也被视为一种独特的教学方法。在训练和比赛的过程中,运动员们积累了丰富的经验和智慧。这样的经验与智慧能够分享给那些非专业的运动领域人士,这当然也包括了学生。教师可以通过培养学生的运动员潜能,帮助他们掌握运动技巧和技能,从而使他们在其他领域表现得更加出色。此外,体育中的奥林匹克精神也有可能被运用到其他多个方面,比如学生有机会在战胜自我、追求卓越和遵循规则等方面得到锻炼。

值得强调的是,学校不应仅仅关注短期成果,而应更多地致力于培养学生在长期的综合素质。运动与教育的结合不仅可以增强学生的身体健康和运动水平,更为关键的是,它有助于培养具有更全面综合素质的人才。学校在设计教育计划时,应充分考虑学生的个性、兴趣和需求,以更有效地激发他们的内在潜能。除此之外,学校也应当重视课外体育活动的组织和安排,以便为学生提供更广泛的体育锻炼选择,从而最终实现教育目标。

综合来看,采用体教融合的方法来培育学生的全方位能力,对促进教育的整体进步和提升我国的综合素质是至关重要的。在培育全方位人才的过程中,我们应当重视培养学生的非智力属性,挖掘他们的内在潜能,加强他们的技能和素质训练,为我国未来的发展奠定稳固的基石。

(二)体教融合的促进策略

1.教师培训与专业发展

在体教融合的过程中,教师扮演着不可或缺的角色,他们的专业水平和个人素质对体教融合的成功执行和质量有着直接的影响。因此,在推动体教融合的策略中,教师的培训和专业发展被认为是非常关键的部分。

首先,对于教师的培训,各个机构和组织应当为体教融合提供有系统、有针对性的培训课程。教师应当受到标准化的培训,以提升自身在体育与教育融合方面的知识和技术水平,这将有助于增强他们在体育文化建设、课程执行和管理方面的专业能力。此外,为了满足体教融合背景下的课程要求和监控评估标准,教师在课程设计、组织和评价上都应接受适当的培训。

再者,在教师的专业发展过程中,构建一个健全的评估体系和激励策略可以有效地激发他们的职业发展能力。为了激发教师的工作热情和创新能力,学校与政府都应加大对教师的奖励和表扬力度。与此同时,我们需要构建一个反映时代特点的知识结构和教育观念,加强教师的创新思维和实际操作能力,确保他们在跨学科合作和交叉学科领域展现出更强的实力。

简而言之,在体教融合的过程中,教师的培训与其专业成长显得尤为关键。为了推动体育与教育的融合发展,学校和政府需要加大对教师培训和管理的力度,以提升他们的专业素质和能力。

2.课程设置与教学方法创新

体教融合的课程设计和教学策略的革新被视为推动体教融合进步的核心手段之一。在课程设计上,学校应当努力将课程内容与体育活动融为一体,以实现课程内容的多样性和个性化,从而激发学生对体育的兴趣,并为他们的学习过程提供更为优质的平台。

在制定教学策略时,应根据学生的年龄、性别和体质等不同特点,设计出相应的教学方案和进度,确保学生在体育课程中体验到乐趣和满足,从而激发他们参与体育活动的热情。要想激发学生的学习热情和主动性,并提高他们的身体素质,就要采用一些创新的教学策略,如改变传统的授课方法、丰富教学内容的多样性,并为他们提供更多的游戏和集体项目等互动机会。

同时,作为体育教学的主导者,教师应该掌握更多的教育理论和相关知识技能,提升自身的综合素质,以便更好地指导学生的体育活动。为了提升教师的教学水平并鼓励他们创新教学方法,学校可以不定时地组织教师培训和集体备课活动。

针对课程教学的各种问题,学校可以加强课程内容的融合和创新,以便将不同学科的教学理念更好地融入体育课程之中。在制定教学策略时,要根据学生的具体需求来设计各种教学计划,并为学生提供更多的游戏活动机会。这种方法是层层递进的,旨在逐渐提高难度和挑战,从而增强学生的实际操作技能。这些建议的执行有助于挖掘学生的内在潜力,增强他们对体育活动的热情和能力,并推动体育与教育的深度融合。

3. 校园文化与教育环境建设

学校的文化和教育环境的建设被视为推动体育与教育融合的关键要素。它对学生的全面健康成长及终身发展能力的培育有着直接的影响。因此,在体教融合的过程中,学校应当高度重视校园文化和教育环境的建设,持续进行探索和创新,以便为学生创造一个优质的生活和学习氛围。

首先,学校有责任强化校园文化的建设,并积极创造健康向上的文化环境。学校有责任积极地培养和推广各种有益的校园文化元素,如运动文化和健康文化等,以使学生能在一个充满活力和健康的文化环境中成长。我们需要构建一个健全的校园文化结构,打造一个学生喜欢且满意的校园文化标志,从而激发他们积极进取和自我学习的文化意识。

其次,学校应当重视教育环境的建设,确保为教师和学生提供一流的教学工具和高品质的学习资料。学校应当高度重视创新与进步,持续优化教学设备,供应高质量的教育资料,并为学生创造一个深入学习的环境和场所,如图书馆和实验室等。与此同时,学校应当重视现代化教育技术的发展,提升教学过程中的智能化程度,以便为教师和学生提供更加全面的学习支持和服务,同时学校也要优化教育资源的分配和使用效果。

最后,学校应当高度重视校园环境的建设,以创造一个健康和舒适的学习氛围。为了确保学生的身体健康,学校必须高度重视环境的卫生与安全。与此同时,学校应当重视环境的美化工作,创造出具有美学价值的校园环境,以增加学校环境的吸引力和文化深度。我们致力于创建一个生态文明的学校环境,确保学生在这和谐美好的环境中体验到健康和快乐,从而推动他们的全方位发展。

总的来说,学校的文化建设和教育环境对体育与教育的融合起到了至关重要的作用。这为学生的健全发展奠定了坚固的基石,并为学校打造一个和谐且健康的成长环境提供了关键的支撑。因此,学校应当高度重视校园文化和教育环境的建设,强化创新与发展,并为学生创造一个更为优质的学习环境和提供更多的服务支持。

4.政策支持与社会参与

政府的政策支持和社会的广泛参与构成了推进体育与教育融合发展的关键支柱。

一方面,政策的支持为体育与教育的融合提供了关键的制度支撑。政府有能力制定并执行一套旨在促进体育与教育融合的政策措施,这些措施包括但不限于资金投入、课程结构的调整及教师资质的提升。除此之外,政府也有可能与有关机构携手合作,共同推动体育与教育融合的具体实践和持续发展。例如学校可以与社会体育组织及其他专业机构建立紧密的合作伙伴关系,共同进行与体教融合有关的研究、调查和实际操作,以推动体教融合的进一步发展。

另一方面,社会的参与同样是体育与教育融合发展的关键要素。体育活动本质上是一种社交互动,它依赖于广泛的社会参与和支持。因此,为了满足各种群体的特定需求,社会团体应当热心地参与体育与教育融合有关的各种活动,并给予所需的援助与服务。例如我们可以动员志愿者来帮助举办体育赛事,或者为体育活动提供必要的设施和设备支持。

得益于政策的鼎力支持和社会的广泛参与,体育与教育的融合有望得到更为深入的推进。政策的支持将为体育与教育的融合提供必要的保障和支持,同时社会的参与也将为活动的顺利进行和推进提供必要的条件和资源。

(三)体教融合的评估

评估是对体教融合实施效果进行客观、科学评价的重要手段。在评估工作中,选择合适的评估指标至关重要,因此,评估者需要根据不同评估对象的特性和不同的评估目标来确定合适的评估指标。对于学生来说,评估可以从他们的身体健康、学业表现、课余时间的活动及社交行为等多个维度进行;对于学校来说,我们可以从参与度、管理成果、教师队伍和校园文化建设等多个维度进行评估;对于体育和教育机构来说,评估其机构建设、教师队伍、教学质量和服务效果是非常必要的。此外,选择合适的评估手段也是非常关键的。基于不同的评估指标,我们可以选择使用问卷调查、面对面访谈、现场考察或心理评估等多种手段。

总结来说,选择评估指标和方法时,必须考虑到不同评估目标和对象的独特性。

(四)体教融合的作用及未来的研究方向

1. 体教融合的作用

体教融合作为一种创新的教育方式,它的进步对促进学校教育向现代化、科学化和规范化方向发展起到了积极的推动作用。

首先,促进学生的身体和心理健康成长。通过参与体育教育活动,学生有机会进行身体锻炼,从而提升身体素质,并有助于预防和降低疾病的发病率。体育教育不仅有助于调整学生的心理状况,减轻他们的压力,还能提高他们的心理承受能力。因此,将体育与教育相融合能够全方位地推动学生的身心健康成长。

其次,提高学生的学习成绩。通过参与体育活动,教师可以加强对学科知识的教授,从而提升学生在学科方面的掌握水平。体育教育不仅能激发学生对学习的热情,还能增强他们学习的积极性,从而有助于进一步提高学生的学习成绩。

最后,提升学生的综合素质。体育教育不仅有助于提升学生的身心健康和学术表现,还可以通过课外活动和比赛来培养学生的集体意识和团队合作精神。运动员的个人发展与其高尚的道德品质和社交技巧是分不开的,因此,体育与教育的融合在学生的道德培养和社会实践活动中都能发挥关键的推动作用。

体教融合对学生的全面发展具有深远的影响和价值。为了更有效地实现体育与教育的融合,我们有必要进一步创新教育和教学的方法和方式,提升教师团队的专业水平和素质,以便为学生的全面发展提供更高质量的教学资源和服务。

2. 体教融合的未来研究方向

在体育与教育的融合进展中,我们能够预见未来可能的研究趋势。首先,我们可以探讨如何更有效地将体育教育整合到当前的学科结构中,以帮助学生在学习过程中更深入地理解和掌握体育相关的知识;接下来,我们可以研究如何利用先进的信息技术工具,积极促进体育与教育的融合,以构建一个更加方便、高效、开放和共享的教育环境;此外,我们还可以探讨如何将体育教育整合到社会实践中,以充分发挥其在促进社会文明、推动社会进步和服务社会发展等方面的重要作用;最后,我们需要深化与其他相关领域的合作关系,以共同促进体育与教育的融合,这包括与体育科学、心理学、教育学和信息技术等多个学科的深度合作。我们可以预期,体教融合在未来将展现出广大且长远的发展潜力。它无疑会为建设和谐社会和推进教育领域的进步做出重要的贡献。

第三节　高校体教融合的途径

一、体教融合背景下高校体育教学的改进

(一)可持续发展的体教融合之路

1. 建立体教融合培养模式

体教融合有六种不同的模式,包括自主招生培养模式、竞技运动学校模式、"一条龙"培养模式、直接引进退役优秀运动员模式、联合办队或直接招收现役优秀运动员模式,以及三位一体模式。这些模式都有各自的长处和短处,但普遍存在的问题是,从宏观角度看,体教融合的目标与实际情况不一致,而从微观角度看,存在严重的"学训矛盾"。

在体育与教育的融合进程中,为了改变当前的状况,有必要对现有的培养模式进行全面的改革和整合,以实现人才培养模式的最优化。

从体教融合的目标和意义出发,培养模式设计的核心思想应该是关注人的全面发展,这意味着培养模式应该从"以人为本"的教育视角出发,将学生培养成为运动员。首先,高校应与初高中建立密切的合作关系,以形成教育体系内的有效培养途径;其次,要严格执行国家发布的特殊招生政策,并通过高考或自主招生的方式来选拔优秀的学生和运动员;最后,

应在高校内部构建一个全面的管理架构,以确保学生运动员在学习、训练和日常生活方面能够和谐发展,从而为他们未来可能步入的职业生涯奠定坚实的基础。

2. 树立大教育观[①]

高等院校作为体教融合实施的平台,学生运动员全面发展的保障,必须树立先进的教育理念。

所谓大教育观,一是注重课程目标的完整性,强调学生的全面发展;二是重视基础知识的学习,提高学生的基本素质;三是注重发展学生的个性;四是着眼于未来,注重能力培养;五是强调培养学生良好的道德品质;六是强调国际意识的培训。融合型课程目标体现出的就是一种大教育观。

树立大教育观,促进人的全面发展,同样也有利于竞技体育的发展。树立大教育观是贯彻落实科学发展观的具体实践。学校应转变观念,统一思想,充分认识竞技体育在教育中的特殊作用,把运动训练安排在体育课堂和课外活动各个环节。重视竞技体育的地位,促进其与教育深度融合,发展以健身娱乐育人和夺标育人为目的,以运动训练为主要手段的学校体育。学校在体教融合中扮演重要角色,在培育全面发展的人的同时,也应充分体现"以学生为本"的理念。

这里将从宏观制度与微观实践两个方面改革体制,树立大教育观。

(1)宏观制度

①扩大高水平运动队设置范围

按照普通高校招募高水平运动员的规定,各个招生学院应当对高水平运动员的招生方案进行合理的规划和编制。在这之中,本科学院所录取的高水平运动员数量被限制在当年本科招生计划的 1% 之内,而高等职业学院所录取的高水平运动员数量则被限制在当年高职招生计划的 1% 之内。

---

① 李科.高校体育改革践行体教融合路径研究[M].长春:吉林大学出版社,2023.

由于高水平运动队的设立限制和招生人数的限制,高校体育的发展受到了极大的制约。为了将竞技体育后备人才的培养整合到学校中,我们必须扩大试办高水平运动队学校的范围,让更多的学校和后备体育力量参与其中,从而形成一个良性的循环。

扩展高水平运动学校的试办范围将有助于吸纳竞技体育的后备人才,减少青少年体育人才的流失,从而为竞技体育的选材提供坚实的基础。此外,这也为专业竞技体育人才在退役后的学习和生活提供了丰富的资源,从而拓宽了他们的选择范围。

②增加运动项目设置

体教融合的核心目标是实现"体教合一",从而使教育行业也转变为培育高水平竞技体育的基地。为了实现这个目标,我们必须在当前的环境下,增加项目设置与国际赛事接轨,并充分发挥体育系统中的体育训练资源,以加快学校的建设进程。通过增设更多的项目,可以帮助高校更广范围地吸引优秀人才,并进一步全方位地培育人才。我们还应该积极推进武术和其他民族传统体育活动,确保中国的民族传统体育在全球范围内得到推广。

在高校的高水平体育项目中,还涵盖了一些尚未被纳入奥运会比赛的项目,如定向越野、武术和藤球等。这表明,高校在设计高水平的运动项目时,既考虑到了国家的实际情况,又为大学生的日常学习和生活带来了更多的乐趣和色彩。

(2)微观实践

①统一管理办法,细化毕业要求

我国要建立一个创新的教育结构,研究学生和运动员的文化教育新策略,并为高校培养高水平的运动员团队。

将学生运动员的学籍管理纳入学校的整体管理体系中。对于已经正式注册的学生运动员,每个学期所选修的课程学分的最低要求是 12 学分。学分具有以下三种不同的解释。

首先,学校里的普通学生的平均分数是学生运动员所期望达到的最低标准。学生拥有完整的学生运动员学习记录，这些记录涵盖了学生运动员的学业表现。每年的秋天，学生运动员的成绩会与学校的平均成绩进行对比。低于这一平均成绩的学生不能代表学校参赛，他们必须达到学校设定的获得比赛资格的学分标准才能参与比赛。根据运动员的具体表现，学校可以决定是否取消他们获得奖学金的资格。

其次，学生运动员要想顺利完成学业并获得毕业证书，必须完成规定的学分要求，即便他们的表现再出色，也不能有任何区别。学生运动员因为参与比赛而导致的学习时间被浪费，需要他们自己来处理。

最后，学生运动员的资格只能维持五年，每个年级参与学校比赛的时间都是有规定的。1年级的学生运动员只能代表学校参与4个赛季的比赛，这4个赛季应在前10个学期（每个学年2学期制）或前15个学期（每个学年3学期制）内完成。每一场比赛都应在保持学生运动员身份的五年期限内得以完成。

培育全方位发展的人才体现了"人本主义"和"以学生为中心"的发展理念，这也是教育的核心职能。体育与教育的融合也旨在推动学生的全方位成长。

②合理安排课程与训练时间

人们的精力和每日的时间都是有限的，为了学生的全方位成长，我们需要平衡各个方面的发展，这就要求我们科学地、合理地分配时间进行教育活动。学生的学业进展构成了他们成长的根基，学校要明确规定，确保学生的学习进度和学业的圆满完成，而不是仅仅将学生视为体育比赛的胜利因素。为了确保学生在学业和其他领域的全面发展，学校明确规定学生每天及每周参与体育活动的时长不应超过4小时和20小时。这种规定深刻地反映了可持续发展的长期需求，并有效地平衡了学习和体育活动的重要性。此外，我们应该确定训练的时段为晚上或下午，并确保上午主要用于学生的文化课程学习。

教育体系的研究应当在确保运动员能够完成基础学业并达到本科水

平的前提下,对运动员参与训练、比赛和进行文化学习的时间分配和安排进行适当的调整,以实现文化学习与竞赛、训练之间的良好协调。

③改革教练员工作制度

为了进一步提升高校中高水平运动员的竞技表现,我们可以考虑以下三个方面。

第一,要更深入地思考教练员的管理体系。首先,我们需要为奖励和惩罚制定合适的机制,除了采用聘任制来管理教练外,还应确立对应的责任体系。在对教练员进行评估时,需要综合考虑其学生的训练表现,尤其是在比赛中所获得的奖项次数,做出全面的评价。当然,不能只看比赛的输赢,还需要结合他们在学校的贡献来进行评估。换句话说,要对教练员进行全面的评估,这不仅涉及他们的训练技能和质量,还涉及社会的接受度和教练的管理技巧等。除此之外,我们还需要尽可能地降低教练员的工作负担,确保他们不再被繁重的教学任务所困扰,并能持续地担任全职教练员的角色。为了确保学校体育能够协调和快速地发展,我们需要将"教"与"训"进行分离。

第二,要使训练更加科学化,在提高教练员的学历的同时,也要确保他们的科研能力和理论知识得到显著的提升。为了不断提升教练员的教学能力,我们需要为他们提供专业的培训,并建立合适的制度来突破训练的时间和地点限制,如可以充分采用网络教育的方法。在努力提高教练员专业能力的过程中,还要进行政策改革,将教练员的职称评定与运动队的比赛成绩相结合,从而为教练员提供持续的动力来提高他们的训练水平。

第三,要加强深度的合作和资源共享,充分发挥现有教育资源的潜力,有组织、有目标地培训更多的全职教练员。在确保教练员具备基础业务能力的同时,还应培养他们更高的师德和更强的自主创新精神。

④实施商业化运作,完善激励机制

学生的学习和训练动机可以被划分为内在动机和外在动机。学生的内在驱动力源于他们对运动和竞技的真挚喜爱,这种内在驱动力主要是因为他们希望通过参与竞技赛事来取得好成绩;学生的外部驱动力可能源于教练的预期、家长的关心、社会的关注等运动员之外的因素,而不是学生自己产生的。一个高效的激励策略可以有效地刺激学生的积极性。

在高校中,高水平运动队走向商业化运营是体育事业达到某一发展阶段的不可避免的需求。

首先,应该与有实力的本地企业建立联系,不是追求数量上的增加,而是追求实力上的提升。借助这些企业的积极进取心态,鼓励他们真诚地提供更多的资金支持高水平的运动团队,因为这些企业对高水平运动员的支持是双方都能受益的。

再者,鉴于普通高校的高水平运动队与奥运会、亚运会等国际大型体育赛事有所不同,体育产业运营商成为赞助企业的首选。对于许多大型公司来说,普通高校的高水平运动队的吸引力可能不是那么强烈,但对于与地区性体育产业有关的公司,它们却拥有巨大的吸引力。因此,普通高校的高水平运动队应依据其特定的实际状况,选择在当地体育产业中具有引领作用的相关企业作为其赞助机构。

再次,我们可以通过各种招商方式来筹集资金,例如普通高校的高水平运动队可以充分利用广告招商的方式来筹集资金。

最后,在执行体育运动队和体育赛事的商业化运营策略时,与赞助商之间的长期合作是至关重要的。在获得赞助的过程中,双方的和谐发展也应受到重视,应主动为赞助商提供考虑,努力满足他们的需求,并构建一个持久的赞助机制。

⑤建立完善的科研保障团队

疲劳是一个自然发生的生理现象,它主要描述的是当人们进行了一定强度的负荷运动后,依赖于应力集中的运动器官的调节能力会逐渐减弱。与此同时,内脏器官的功能也会受到影响,导致能量供应不足。这种情况进一步引发了运动负荷器官功能的某种程度的衰退,给人带来不适,并可能导致代谢产物的堆积和能量不足等一系列问题。

一旦感到疲惫,如果不能迅速地进行恢复和强化训练,这种疲劳将会持续不断,甚至可能演变为一种慢性疲劳。在极端情况下,这种疲劳甚至可能导致人体机能出现问题,使人无法进行有效的训练。疲劳主要在以下三个领域影响了人体的功能表现。

首先要明确的是,疲劳是导致代谢发生改变的原因。当人们感到疲惫时,体内会产生三磷酸腺苷(Adenosine triphosphate,ATP),这会对糖的代谢产生一定的干扰,最终导致血糖水平下降。如果出现缺氧状况,血液和肌肉中的乳酸含量会显著增加。

再者,过度的疲劳可能导致内分泌系统的失衡。在这种状态下,内分泌系统并不能正常运作。当人体出现缺氧时,副肾皮质激素的水平会上升,同时肾上腺素的水平也会增加。这种情况下,人体的生理功能可能会受到影响,从而降低其抵抗能力。

最后,疲劳会导致大脑的中枢神经发生变化。当人体感到疲劳时,中枢神经系统内的乙酰胆碱水平会有所下降,其传导功能也会显著减弱。因此,在面对传统的神经冲动时,反应会变得非常缓慢,这可能会导致人们的行为出现不同步和不准确的情况。

从上述描述中可以看出,对于运动训练来说,疲劳的恢复是一个关键环节。运动员在训练中的疲劳和恢复起到了至关重要的作用,这不仅会影响他们的表现,还会对他们的成绩产生深远影响。因此,在运动训练过程中,确保训练和恢复的科学性和合理性是至关重要的。

高校为负责高水平运动队的领导和教练提供了极为优越的科研环境和基础。他们应当与其他学科的教师真诚合作,互补各自的不足,构建一个全面的科研支持团队,并研究运动恢复的各种方法和手段,以确保运动员能够有效地提升自己的运动表现。

(二)构建体教融合运行机制

在系统的运行过程中,各个构成要素之间的相互联系和影响途径、方法和原理的综合体现,被统称为机制。通过人们的主观设定,旨在实现既定目标和满足人们的需求,这种机制被称作运行机制。

因此,体教融合运行机制可以理解为,在追求学校竞技体育成绩的过程中,体教融合的各个构成元素之间存在相互联系和影响,这一过程和作用原理共同构成了体教融合的整体。

根据社会学的分类体系,体育与教育融合的运行机制可以明确地划分为五个二级机制,其中一个是负责提供动力的运行动力机制;整合各种资源,确保各个部分之间的协同,并保持一个完整的整合协调机制;为了确保系统的稳定和有序运行,系统控制机制起到了决定性的作用;为了确保系统的长期稳定运行,为系统成员提供了必要的物质支持的运行保障机制,以满足他们的基础生活需求;采取合理方式激发系统成员的主观能动性的动机激励机制。这些二级机制的功能是引导系统成员的行为模式和价值观与体教融合提倡的目标一致,激发体教融合的活力,努力实现总体目标。

1.运行动力机制

为了确保社会、集体或系统的平稳和有序运作,我们必须有足够的推动力。系统的运行规律清晰地表明,确保系统能够长期稳定和有序地运行,其中一个关键前提就是要有适当的推动力。当我们深入探讨体教融合系统的驱动机制时,可以将其细分为三个不同的层面:代表个体的运动员和教练员,通常是学校的集体层面,以及国家和社会为代表的社会层面。在每一个层面上,主体的需求都成为推进体育与教育融合的关键驱动力。

在个体层面上,人们的需求通常体现在获得学校教育的机会、提升运动表现、增强教学和训练的效果、满足竞技的要求及获得个人的荣誉等方面;集体层面的需求通常体现在提升学校的声誉,实现办学目标,以及获取经济援助等方面;社会层面的需求通常体现在实现国家的教育目标,提升国家教育体系中的竞技体育水平,并为国家体育事业的未来发展奠定坚实的基础。

一个完备的系统需要有适当的动力来运作。缺乏足够的动力可能导致各个利益相关方的积极性降低;过大的动力可能会破坏系统的正常秩序,导致混乱;仅当运行动力适中时,才能既满足各方利益相关者的需求,同时又能保持社会和体育环境的有序与稳定。因此,在实际执行过程中,我们需要确保管理各个动力主体的效用得到实现,确保国家、集体和个体这三个主体的效用能够协同发挥,使得整体效用超过各部分的简单相加,而不是相互背离。

首先,我们需要改变国家的职能定位,从单纯的管理模式转向更注重服务的模式,充分利用政府在体育领域的指导和服务能力,确保学校在培养竞技体育后备人才方面的热情和能力得到充分释放;再者,各个学校作为连接上下的桥梁,既承担着传递学生和运动员的需求、增强团队的凝聚力,并共同努力实现组织的目标,同时又需要平衡个人和集体的利益;与此同时,学校里的运动员也需要更加主动和积极地参与各种体育活动,以实现个人全面发展为最终目标。只有当运动员的个人价值得到充分体现,他们才能为国家做出更为显著的贡献。

2.整合协调机制

在任何系统的运行过程中,问题和矛盾的产生都是无法避免的。同时,由于内部和外部环境的不断变化,各个主体之间的利益也可能产生冲突,这将对系统的正常运行产生影响。因此,各种不同的利益和资源成为整合协调机制的主要目标。

一个在实践中经常出现的情况是,学校的运动员一方面需要投入大量的时间和努力来进行体育锻炼和比赛,以期获得优异的表现;另一方面作为学生,他们肩负着学习文化知识和参与考试的重大责任。这两个因素肯定会互相作用,导致冲突。这正是在推进"体教融合"的实践中,学校普遍遭遇的巨大挑战,也是一个亟待解决的难题。因此,在解决这个问题和消除运动员训练障碍的过程中,我们必须通过整合协调机制,整合教学计划、课程设置、师资力量等教学资源，协调学校各部门的人员，以形成一套有利于高水平运动员持续发展的制度。

具体实施策略：首先，我们需要确立科学的发展观念，始终坚持"以人为本"的原则，致力于培育全方位、可持续发展的竞技体育人才。为了提升学校在竞技体育领域的影响力，应以培养未来竞技体育人才为核心目标，致力于推动我国竞技体育的进步和社会主义人才的全面发展。其次，我们需要融合个人、集体及国家各个实体的利益。在确保不侵犯国家和集体利益的基础上，追求个人的利益，确保个人的利益与国家和集体的利益保持一致，并使个人的利益与国家和集体的利益互相推动。最后，我们需要进行文化的融合。要充分利用学校和社会媒体的指导功能，推广正确的价值观，确保集体和个体的目标与社会和国家的目标保持一致。

相关的政府部门和民间组织需要通过"整合机制"的适当运用，对有限的资源进行最合理、最有效的分配，从而向体教融合的更高水平迈进。

3. 系统控制机制

在 20 世纪 40 年代，英国的知名数学家诺伯特·维纳首次提出了控制论的概念。控制论的核心观点是，随着时间的流逝，人们会根据事物的发展模式，预测一个或多个事件的未来走向。目前，控制论在多个领域都得到了广泛的应用。

社会控制这一观念的核心思想是，生活在社会中的个体或集体，根据特定的原则和规定来进行各种社交活动。通过动员社会资源和采用多种策略，我们可以确保社会中的每一个人和团体都遵循既定规则，从而确保社会有序运作。

在整个流程中，控制手段无疑是最关键的一环。控制策略的严格性和合理性，是决定控制论能否全面实施的关键因素。为了建立一个完善的控制系统，我们需要深入研究被控制对象的各种变量。我们只有清晰地了解并掌握这些变量，加强控制环节，并推动控制机制的强化和有效性，才能成功地构建一个全面的控制系统。

为了实现体教融合的目标,我们可以采用多种控制手段,包括制度控制、组织控制、人文控制及目标控制等。在社会中,无论是个体还是群体,都可以实现体教融合的秩序,这正是体教融合控制机制的体现。

为了确保体教融合系统的稳定运作,制定相应的规章制度是至关重要的,这样人们才能在良好的制度环境中有序地采取行动,从而促进体教融合系统的健康发展。

为了确保体教融合系统的稳定运行,制度控制手段起到了基础性的作用,同时,组织控制则是提升体教融合系统效能的决定性因素。通过组织控制,可以合理地分配教练人数,合理地规划运动员的训练周期,并加强对运动员日常生活和学习的管理,进而提高体教融合系统的整体效率。

在整个训练系统的运行过程中,首先需要确定的是系统的总体目标。运动员在训练过程中应不断接近这个总目标,以便在接近目标的过程中发现自身的不足,并找出训练环节中可能出现的错误。在确定了训练的总体目标后,运动员可以继续设立更多的子目标。这些子目标可以是每次的训练目标,也可以是一个阶段性的训练目标。通过设定和实现这些子目标,运动员可以更清晰地识别出自己在哪些方面存在不足,以及在哪些方面经常出现错误。通过实施目标控制策略,运动员可以减少在各个环节中可能出现的失误,并确保相同的错误不会再次发生。

人文控制意味着我们需要持续地确立一个以人为中心的理念,始终将对人的尊重和关心放在心里,这有助于激发系统内每个成员的工作热情和创新能力。人文控制追求的终极愿景是让运动员在体育与教育的整体融合中,充分展现他们独特的热情和才华。通过传递民族精神和价值观等手段,人文控制策略能够将正面的思维深深地植入运动员的内心。

4.运行保障机制

体育与教育的融合系统同样需要一个稳固的运行支持机制。例如物质、能源和信息这些元素都与系统的运行是紧密相连的。当确保这些关键因素得到充分保障时,系统的运行完整性才能得到维护。

目前,大学生运动员走向国际竞技场已经成为人们普遍期望的一个发展方向。然而,仅仅依赖学校的援助来实现这个目标是不够的。对于大学生运动员来说,进入国际竞技场不仅依赖于学校教育体系,还需要得到财政支持。社会的援助和支持可能是这笔资金的主要来源,只有当所有人都给予支持时,这一假设才能更迅速地实现。

在高校中,运动员通常有自己的优势和劣势。与专业运动员相比,高校运动员的文化水平更高,但他们的弱点也是非常明显的。在高校的运动队中,缺乏专业的教练,比如曾经参加过国际比赛的运动员,他们在退役后也无法进入高校担任教练。为了进一步促进体育与教育的融合,学校必须解决教练专业度不足的问题。学校可以融合各种社会资源,为那些已经退役的运动员提供一个开放的平台,促使他们能够在专业比赛中分享体育知识和实战经验给学生。

高校的硬件设备同样是一个不能被轻视的议题。很多高校在硬件设施方面与运动队的训练规模存在明显的不匹配,特别是在运动队需要进行高强度训练的场合,硬件设施的不足成了一个尤其值得关注的问题。这意味着高校需要积极地解决硬件方面的问题。如果短时间内无法得到改善,学校就必须科学地分配训练场地和安排训练时间,以提高训练的效率。

运动员的后勤支持也需要及时跟进。在学校环境中,运动员的饮食营养、规律的作息时间及伤病的恢复都需要得到充分的保障。

5.动机激励机制

从体教融合的视角来看,激励机制能够激发培养主体的主动性、积极性和创造力,而这种积极性是通过满足各种合理的需求来激发和调动的。马斯洛的需求层次理论验证了动机激励机制的有效性,表明积极性是学生运动员在训练过程中最需要的。学生运动员需要树立正确的价值观,确保自身的行为和思想观念都符合社会主义核心价值观的要求。

激励机制由三个主要部分构成:激励标准、激励手段及激励过程。

激励标准构成了激励机制的关键部分。只有当我们确立一个全方位且科学的激励标准时,激励机制才能真正地对学生产生积极影响。过去,对学生运动员的激励标准主要是基于他们的成绩。然而,在当前的立德树人教育观念的指导下,我们应该从思维、文化和成果三个维度出发,以更系统和统一的标准来制定激励措施。

在激励手段上,我们需要摈弃过去的传统方法,转而采纳正面、负面等多种激励策略。

激励的过程涉及许多复杂的因素,因此,在这个过程中,需要充分考虑到个人的各种主观因素,如学生的愿望、目标、思考和意向等。在以往的激励策略中,激励的过程往往被忽视,主要是通过激活过程中的变量来实现对学生的激励,而不是去探索其他相关的变量。最终,我们主要关注的是学生运动员的最后表现,并根据这一成绩为他们提供奖金。学校需要摒弃目前单调的激励方式,除了提供物质奖励之外,还应更多地关注对学生运动员在精神层面的激励。例如对于那些学业成绩显著提高的学生,我们不仅可以给予他们一些奖励性的奖金,还可以通过口头上的称赞来鼓励他们;另外,对于那些坚持每日准时上课的学生,也可以给予他们一定的学分作为奖励。根据这种思维方式,学校可以采取多种激励措施,以确保每一个学生都能感受到被高度重视,并因此获得相应的激励。

学校在激励学生运动员时,应该采用多种不同的策略和方法。除了上面提到的个人激励措施,还应该高度重视集体激励的效果。对于学生和运动员的激励,学校应该持续不断地进行,这样才能创造一个积极的竞争氛围,实现对学生的实时管理,确保学生和运动员始终处于最佳的训练状态,并努力实现他们的终极目标。

此外,在设计激励机制时,不应只关注单一的方面,而应更多地从学生、教员与科研人员及学校这三个维度来考虑和实施。从学生的角度看,主要是鼓励,而物质奖励是必不可少的。在激励的过程中,最重要的是,外部的激励和内部的鼓励应该保持在一个平衡的状态。无论是教员还是科研人员,他们都遵循与学生相同的原则:物质上的奖励和精神上的鼓励都应同等重视。但由于教员和科研人员与学生有所不同,学校的职责对他们而言是维持生计的基石,因此,在物质层面上,我们更应该增加奖励的金额。最后一个也是最关键的方面是学校方面,学校需要完善管理制度,制定公平公正的考核机制,对学生和教员的激励政策要落实到位,对激励的物质内容也不吝啬,更不能许下空头支票。

常言道,只有通过实践才能获得真正的知识。只有在持续的探索过程中,汇总出有价值的经验,才能真正实现体教融合。

二、体教融合背景下高校体育人才培养策略

(一)整合青少年体育赛事和运动会

为了进一步完善青少年体育赛事体系,我们需要遵循一体化设计和一体化推进的原则,通过体教融合来进一步整合学校比赛、U 系列比赛等各级各类青少年体育赛事。我们需要建立一个分学段、跨区域的青少年体育赛事体系,利用课余时间组织校内比赛、周末组织校际比赛、假期组织跨区域和全国性比赛,并将全国青年运动会和全国学生运动会合并,更名为全国学生(青年)运动会等。

1.整合体育赛事,合办高校高水平运动队

教育与体育两大部门联合举办的青少年体育比赛,为青少年提供了集体训练,并共同构建了一个面向所有学生的校园比赛体系,同时也共同设计了竞赛的奖励策略。青少年体育比赛为学生运动员开辟了人才提升的途径,并为竞技体育人才的成长创造了更多的机会。体育与教育的结合在原有的比赛项目上得到了更深层次的融合,将体育与教育这两大领域中的多个独立竞技项目融合为一体。在体教融合的过程中,所有的独立项目都被整合在一起,这样所有的学生都可以共同参与,从而在竞赛中选拔出杰出的竞技人才,为优秀运动员提供一个升学的通道。教育和体育部门联合打造了一个完善的校园体育比赛体系,并共同策划比赛,这使得学生在培训过程中能够建立更为高效的机制。为了全方位地提高体育学校的教育水平,我们需要进一步实施加强体育学校学生和运动员文化教育的策略,利用体育和教育的双重资源来推动体育学校的深度改革,确保中小学的教育资源与体育学校教育能够深度结合。体育与教育的融合

使得全体成员的竞赛成为学校体育活动的一部分,从而拓宽了学校体育活动的范围。制定优秀退役运动员进入学校教学的标准,旨在为学生提供更为专业和系统的培训,培养他们的规则意识,并助力他们形成完整的人格和坚定的意志特质。竞赛被视为体育活动的中心环节,应将青运会和学生运动会进行合并,并将教育部门的学校赛事和体育部门的 U 系列赛事整合在一起,由教育部门负责统一组织竞赛活动。体育和教育两大部门要联合起来,整合场地、教师、比赛等各种资源,共同努力打造高水平的高校运动队,并将其纳入我国的竞技体育人才培养计划中,确保与省级队伍和国家队的无缝对接。

2.大力开展高校体育赛事

高校积极地组织学校内部的体育竞赛,可以带来两方面的益处:一方面可以更方便地挑选合适的运动员,以便更有效地培养具有天赋的学生;另一方面,这也有助于激发所有大学生对运动的热情,并鼓励他们积极参与。高校鼓励学生参与由政府、教育或体育部门及社会组织主办的区域性体育赛事,这背后有两个深远的意义:首先,通过竞技比赛来激发学生的练习热情;其次,对于专业的体育学生,这种大规模的比赛为他们提供了一个展现才华的平台,使他们在训练过程中更加充满激情,展现出100%的积极性。此外,这种类型的竞技比赛所提供的物质奖励也必须得到相应的跟进,不能仅仅是口头承诺或实际行动。如果缺乏物质奖励,长时间下去,大学生可能会逐渐失去对竞赛的热情。

3.加强高校高水平运动队建设

在高校中,高水平的运动队被视为培养体育专才的首要队伍。高校在初始阶段就制订了培育高水平运动队的计划,这样的高水平运动队无疑代表了大学生在体育方面的最高水平。在高校中,高水平队的培养应从三个主要方面入手:首先,要高度重视高水平队的培养,并对选拔机制进行必要的改革。我们应该采用更加公正和科学的选拔方式,为国家或地方的体育人才提供更多的后备力量,并将大学生视为参与国际竞技体育比赛的潜在力量。其次,对于高校中的高水平团队,无论在资金还是管理上,都需要提供更多的支持和帮助。最后,除了需要提升体育能力之外,高校的高水平队伍的文化修养也不应被忽视。只有当我们合理规划并同时重视文化教育时,才能培育出真正符合国家需求的多才多艺的人才。高校在设计高质量的文化课程时,也应当考虑到学生的实际需求,采用更为人性化的学分制度,这有助于学生在训练和文化课程之间找到平衡点。

(二)专设教练员岗位

要充分利用退役优秀运动员在专业技能方面的优势,进一步明确专业运动员进入学校担任教练职位的准入条件,从而形成体育教师与教练员在师资方面的互补优势,以提升学校体育教师的整体水平。杰出的退役运动员在进入学校后,首先开始工作,随后接受培训。只要满足法律规定和学校的需求,持有教师证的退役教练员有资格成为体育教师。而那些无法获得教师资格证的优秀退役运动员也有资格成为学校的体育教练员。这样,专设教练员岗位可以使体育教师与教练员深度结合,充分发挥运动员的专业技能,从而提高学校体育的整体质量和水平。我们应该加大对体育学校、具有体育传统特色的学校及高校的高水平运动队教练的培训和资格认证力度。同时,鼓励退役的运动员进入中小学担任体育教师或教练的角色,确保青少年在学习文化的同时,也能参与到训练和竞赛中,从而更好地培育学生的奥林匹克精神。高质量的体育教师团队是实现体育与教育完美融合的关键,他们能够为学校提供更多的体育活动选择,并确保每所学校都能实现其独特的教学目标,让学生能够熟练掌握各种运动技巧。教育部为学校购置了体育相关的公共设备,引进了杰出的退役运动员和教练到学校体育中,确保体育和教育领域的杰出教师能够共享和交流,并将教练的薪酬、职称评估和持续教育培训整合到教育体系中。

(三)合理安排课程与训练时间

在过去,运动员的培训主要是体育部门的责任,而学校体育则主要集中在提高学生的体质和健康上,并没有建立起一个完整的教会、勤练和常赛的教育体系。学校体育被视为培训竞技人才的主要场所,其体教融合的政策强调整体规划和推进,学校还建立了高水平的运动团队,并将其发展纳入了国家的竞技体育人才培训计划中。将青少年运动员的培训整合到学校体育教育体系中,并在体育特色学校的基础上,构建一个从小学到大学、专业队、职业队的"一条龙"人才培养体系。目标是尽速推动单项运动协会的实体化改革,并将国家体育总局的管理权下放给运动协会,以实现单项运动协会在竞技体育人才培养方面的积极作用。过去,我国的竞技体育人才培养主要依赖于环境较为封闭的体育传统学校、业余体育学校和专业队伍,而三级培养体系更多地强调运动员的训练和竞赛,却忽略了运动员的文化教育和全面发展的重要性。体育与教育的融合强调将竞技体育的人才纳入教育体系的培养中,通过延长学制和保留学生学籍等措施来确保学生运动员的文化学习得到保障,从而提高他们的综合素质和社会适应性。在确保教学品质和学业标准不受影响的基础上,为青少年在文化和体育方面的同步发展创造了有利的政策氛围。

(四)其他方面的一些建议

体育与教育的融合旨在解决运动员在有限的时间和精力下,难以平衡体育训练与文化课程的问题。构建竞技体育与高等教育体育融合的体系,意味着要整合内部的各个元素、路径和方法,从实现预定目标和满足需求的角度出发,构建一个科学的操作指导框架。这包括资金来源、人员配置、管理制度和运行机制的量化指标体系等,旨在打破运动员在常规文化课程和专项训练之间的时间冲突,最终促进运动员在体育和教育两个领域的和谐发展。

1.经费来源

必须打破过去高校在竞技体育建设资金方面的被动局面,充分利用高等教育平台的优势,以拓展更多的资金来源渠道。要通过与社会商业赛事运营公司的合作,致力于塑造赛事的品牌形象,并在赛事冠名权、商标使用权、赛事转播权、赛事赞助权、赛事服务权及市场营销权等多个方面进行深入的开发工作。要成立一个专门负责商业运营的部门,旨在创建一个示范性的赛事品牌,并以此为基础来研究和构建一个成熟的高校竞技体育赛事商业化运营体系,以期对各地的赛事产生示范效应。在体育商业化的进程中,我们必须确保竞技体育和高等教育体育的稳定运作,并对过度商业化可能导致的体育异化现象保持警觉。

为了最大限度地挖掘赛事的商业潜力,我们需要将赛事转化为竞技体育产品,使其与市场经济的运作规则保持一致,遵循商业化的市场规则,并吸引各种社会资本和不同类型的企业深入挖掘赛事的经济价值。

在基础层面上,对比赛场地、球员的服饰、秩序册等依据面积、曝光率和使用时长等进行广告位设计。根据不同的曝光度来确定价格,并进行公开的商业招标和投标。这样做是为了利用竞技体育赛事的影响力,帮助企业更好地进行宣传,从而提高其知名度;致力于培养明星团队和明星球员,并对已注册的运动员和运动队进行商业化管理。这样,在不打扰正常的训练和比赛的情况下,可以为具有特点的优秀运动员和运动队进行商业化的包装,从而产生明星效应,提高比赛的关注度,并促进运动员的个人名誉和财富双重增长;对体育器材商和装备供应商实施独家赞助权的开放,这样不仅可以为赛事节约大量的器材开支,还可以帮助企业在实际应用中检验产品的质量和实力,高质量的产品往往能够在一次赛事中迅速进入市场;赛事的媒体转播权是可以销售的,而在转播过程中,根据比赛的规定,会适当地加入一定数量的广告,广告的计量单位是秒。

2.人员编制归属

一个单位的合理人员配置是确保其工作顺利进行的关键。我们应当遵循目标导向的原则,深入了解当前的工作状况,并结合各种外部和内部环境及工作模式的变化来科学地确定岗位和编制。只有明确了需要控制的对象,才能根据具体状况采取控制措施,充分利用控制系统,形成协同效应,从而协助被控制对象按照预定的策略迅速成长,并确保其遵循系统的规定。

在竞技体育与高校体育的融合发展中,明确的培养主体是各大高校,因此,培养对象首先应该是在校大学生,其次才是高水平运动队的运动员。作为大学生,运动员首先需要遵守大学学生手册中列出的所有基础行为规范,并受到学生行为守则的约束,任何违反学校规定和纪律的行为都应受到平等和公正的处罚。

考虑到学生是主体,学校应该认识到他们是独立的个体,拥有独立思考的能力,并享受接受教育的权益;学校还必须认识到学生是处于成长过程中的个体,在学校这样一个特殊的环境中,他们还在不断地成长和发展。因此,学校应该充分了解学生的个性和特点,确保训练计划与他们的个人发展水平相匹配。我们应该允许学生之间存在个性化的差异,并能够根据每个学生的特点进行因材施教,有针对性地引导他们根据自己的特点来学习体育项目。

在组织控制理论的引导下,应围绕培养对象的具体需求,构建一个高水平的运动队管理体系。这一体系涵盖了领导方式、教练员的配置及学生的日常管理等多个方面。以促进学生全面发展为核心目标,我们要对现有的组织架构进行全面评估,并根据实际工作中遇到的问题和学生的需求进行及时的评价和反馈。同时,还要关注场地设施、科研支持、后勤保障、运动员的身体健康和心理环境等多个方面内容,并做出相应的调整和优化。实行实时的反馈机制,有助于我们及时发现和处理问题,从而提升运动队的运行效率。

3. 管理体制整合

在融合发展体系的背景下,管理体制应以高校体育运动委员会为核心,得到地方体育系统的支持,并由体育院系负责具体执行。其目标是培养全面发展的运动员,统筹安排运动员的大学生活,合理分配文化课和专项训练的时间和强度,优化资源分配,以确保个人的可持续发展。个人的利益、集体的利益及国家的利益之间存在着和谐的关系,只有当个人得到全方位和综合的成长,集体才能获得荣誉,并为国家赢得荣誉。应该最大限度地利用学校的教育潜能,全面实施科学发展观,充分发挥竞技体育在教育中的作用,构建一个科学且合理的管理体系,并推广以人为本的管理哲学,以促进竞技体育与高等教育体育的深度融合和更高层次的发展。

此外,借助信息化管理系统,能够将学生的学习时间进行了模块化处理,并将其统一划分为教育、体育和生活三个主要部分。在 DMS 疲劳监测系统的帮助下,教育和体育训练都按照预定的时间段进行了工作安排,而生活部分则只给出了指导性的建议,学生可以根据自己的需求进行安排。在现代科技的支持下,努力实现体教融合,以促进学生运动员的全面和谐成长。

4.系统运行动力

只有确保各个环节协同工作,才能形成完整的系统动力。竞技体育与高等教育体育的融合发展所需的系统动力源于多个层次的需求,而在微观层面,主要涉及运动员和教练员的参与;从中观的角度看,这涉及体育体系和高校;从宏观的角度看,这涉及国家与社会的关系。仅当满足三个不同层次的需求时,该系统才能有效地推进体育与教育的融合运作。

在微观层次上,个体应关注其教育背景、训练经历、运动表现及个人的成就;在中观层次下,学校应当努力扩大其影响范围,不断提升教育的品质,实现预期的成果,并获得经济上的收益;在宏观层次上,社会有必要提升国家在体育教育和竞技体育方面的水平,以展示国家的综合实力,并提升人民的身体健康状况。

如果主体的需求得不到满足,那么运行的动力将会下降,这将对主体的积极性产生负面影响;当动力过于强大,系统的运行可能会出现不正常的情况,从而导致异化的出现。因此,只有在国家级别进行宏观管理,确保学校的中观层面实施与个体的微观需求保持一致时,竞技体育与高等教育体育的融合发展才能平稳推进。

为了激发各高校的积极性,国家应当主动改变其角色定位,简化行政手续,充分发挥其服务功能,并通过提供高校竞技体育发展的优惠政策来实现这一目标;学校应当主动回应国家的呼吁,努力推进教育制度的改革,广泛传播素质教育的理念,并在日常工作中以促进学生全面发展为核心目标,致力于高水平运动队的建设;个人应该确立崇高的理想,积极地参与到日常的训练和学习中,努力实现自己的价值目标,并为学校和国家做出贡献。

第三章　体旅融合

第一节　体旅融合发展的理论基础

一、体旅产业融合发展的概念界定

产业融合是 21 世纪产业发展的重要方向。融合型产业可以满足消费者的多元消费需求,促进相关产业的产业链的拓展与延伸,形成与之相关的上游产业与下游产业等。就产业业态创新来看,随着民众对自身健康关注度的提升,旅游和体育相结合,成为各自产业创新的主要趋势。体旅产业融合无论是从理论研究还是从融合实践来看,正处于从起步阶段迈向高速发展的阶段,凸显了体旅产业融合发展具有广阔的空间。体旅产业融合业态在未来的经济发展中将成为第三产业发展的核心元素,特别是乡村振兴战略的提出,乡村旅游业被激发出强大的活力,乡村旅游业参与的融合型产业也会获得更大的关注。

(一)休闲体育

休闲体育是本研究中另外一个核心概念,对休闲体育概念的梳理也十分重要。休闲体育是怀着轻松愉快的心情自愿参加,度过自己的余暇时间,可以使个人在精神和身体上都得到休息、放松和享受。休闲体育是在空闲时间里,以一定的身体活动形式为手段,产生最佳心理体验,使个人在精神和身体上都得到休息、放松、享受。还有学者指出,休闲体育是人们在余暇时间所进行的,以满足自身发展需要和愉悦身心为主要目的,具有一定的文化品位和内涵的体育活动。从学者们对休闲体育概念的界定来看,休闲体育概念界定围绕着四个核心要素展开,即余暇时间、身体状态、心理状态、行为目的。

（二）产业融合

从不同角度分析产业融合问题,对产业融合的理解也会存在差异。就产业融合的相关因素及其过程而言,产业融合是以技术融合为出发点,再到产品与业务的融合,进一步发展至市场融合,最终走向产业融合,这是一个循序渐进、逐渐推进的过程。体旅产业的融合指的是体旅产业和其他类型的产业或者体旅产业内部的不同产品通过互相的交叉和渗透,其原本的产品特性与市场需求发生了变化,使得产业边界变得模糊,进而走向一体化的历程。而产业融合的结果是产生了新的产业,并激发了新的经济增长点。

二、体旅产业融合发展的理论及动因

（一）产业融合及其发展理论

1. 产业融合

产业融合指的是在时间层面相继产生、处在不同结构层面的工业、农业、信息业、服务业等,在同一个产业、产业链及产业网当中互相渗透、包含,进而融合发展的一种产业形态和经济增长的方式,是以无形向有形渗透、高端对低端进行统御、先进拉动落后、纵向拉动横向,使低端产业成为高端产业的组成部分,实现产业升级的知识运营增长方式、发展模式与企业经营模式。产业融合以第一产业农业为基本立足点,以第二产业工业为媒介,以第三产业服务业为中心,以第四产业信息业为配套,以第五产业知识产业为主导,是在产业层面,通过合理配置资源实现资源的再生,促进产业升级的系统工程。产业融合将第三产业作为中心,不仅是以人为本的发展观的体现,还能够通过多维度提升产业与产品的附加值,推动新的经济增长点的形成,是通过合理配置资源实现资源再生的智慧型经济和科学发展观的重要组成部分。现代化经济体系通过产业融合实现产业升级。产业融合是城乡融合、区域融合的本质,是城乡融合、区域融合的核心纽带与催化剂。产业网是能有效实现产业融合的企业组织形式、运营模式与产业形态。

2.产业融合相关演变与发展

国际经济处于不断的变化中,各种产业间的互相渗透与融合也更清楚地为人们映射出了21世纪的发展新趋向。产业融合处在不同的产业领域当中,通过不同的方式进行演进,最后使整个产业结构更加高度化与合理化,进而构架出融合型的新型产业体系。产业在创新的过程中,主要包含了技术、技能、产品、流程、市场、管理等方面的创新。产业的融合与创新经过产业和业务融合、市场融合、技术融合,进而实现了产业融合的全过程。而且,此过程各阶段衔接有序,在同一个阶段中可能实现了相互推进。

3.产业融合方式

就产业融合的方式而言,主要体现在以下三个方面:

第一,高新技术方面的渗透与融合。换句话说,指的是高新技术及与之相关的产业不断渗透、融入其他产业,从而推动一种新的产业的形成。比如三网融合、生物芯片、纳米电子等。关于农业方面的主要包括信息技术类及农业的高新技术化等对传统工业做出的改造,其中最为突出的就是机械电子等,还包括网络为主的金融类机构。除上述之外,还包括20世纪末信息生物技术在传统类的工业中的逐渐渗透及融合,这些都加速了机械电子和航空类电子产业逐渐兴起并发展壮大。此外,还诞生了一些因为电子网络技术的渗透与融合而形成的电子商务等。因为持续渗透进传统产业的高新技术的作用,以光机电一体化为主导的新型产业也实现了巨大的发展变化。高新技术在传统类产业当中不断交叉渗透和融合,成了十分关键的决定性因素,对新兴产业不断发展壮大做出了贡献,促使传统产业获得了包括发展水平在内的全方位的提升,并走上了高科技化的发展之路。关于这些发展事项,主要体现在:促使传统产业的高附加值化,推动了传统产业衍生出新的品种与产业,进一步推动传统产业装备走向现代化。

第二,不同产业之间的延伸融合。换句话说,就是利用产业之间的互补与延伸,使得各个产业之间的相互融合得以实现。关于这点,通常情况下都会在高科技产业链进行自然延展的环节出现。这种特殊化的融合,使得原产业获得了新的骨架功能,进而具备更强大的竞争力,加速了新的产业体系的创建。这种特殊的融合通常在第三产业向第一、二产业持续性延伸融合中得到体现。譬如在第三产业当中,服务业快速向第二产业进行各个维度的渗透,除此以外,服务业当中的管理、法律、金融和广告等逐渐增加了在第二产业当中的比重作用。它们之间通过渗透、交叉及融合,促使新的产业体系诞生。譬如现代化的农业生产服务体系,以及工业中的服务占比持续增加,与工农相关的旅游业也不断生发、壮大。

第三,产业内部进行重组与融合。主要出现在关系紧密的不同产业及同一产业中的不同领域中。具体指的是最初相互独立的产品或服务在相同的标准元件束或集合下以重组的方式融合为一体。在重组和融合下出现的产品或者服务一般与原产品和服务不尽相同,发展成为一种新的类型存在。比如我国第一产业中的养殖业、种植业及畜牧业等分支产业之间,以生物技术融合为立足点,以生物链为中心进行重新组合,从而产生一种新的产业形态。当今时代,信息技术飞速发展,以信息技术为链条的上下游产业中会出现更多的重组与融合现象,这之后衍生出的新产品具备明显数字化、智能化及网络化等特征,比如绿色家电及模糊智能洗衣机的产生就是产业重组与融合的胜利成果之一。

4. 产业融合相关成效[①]

产业融合是在经济全球化、高新技术迅速发展的大背景下,提高产业生产率和竞争力的一种发展模式和产业组织形式。它所产生的效应是多

---

① 周杰.产业融合[M].长春:吉林人民出版社,2019.

方面的,主要表现在以下三个方面。

第一,能够推动传统产业不断创新,进而实现产业的优化与发展。因为高新技术产业与其他产业之间往往会更好地出现渗透与融合,在这个过程中,衍生出新的产品、技术及服务,在一定程度上都满足了消费者的各种需求。这些衍生品代替了一部分传统型的产品、技术及服务,导致这类产品市场的需求走向了萎靡,其地位与作用在整个产业结构中也持续下降;与此同时,产业融合衍生出的新技术与多个传统产业部门进行了融合,使传统产业的生产和服务模式发生了变化,推动这些产品与服务结构不断升级,这些都使得市场结构在企业竞争与合作当中的关系日趋合理。就目前情况下,市场的相关结构理论认为,如果限量的市场容量与追求规模经济的动向进行结合,这会导致生产的集中及企业数量的下降。然而,产业进入融合阶段以后,市场结构的变化会更加趋向复杂化。竞争范围的变化,不管是缩小还是扩大,其都能够通过产业融合的构建与实现或企业组织之间建立的新联系来实现。产业融合也促使市场从垄断竞争走向完全竞争,进而使经济效益在一定程度上获得提升。

第二,在一定程度上能够促使企业竞争力不断增强。产业融合与产业竞争力在其不断发展前行的状态下,在内在方面存在动态化一致性。在产业融合这一过程中,技术的融合为其贡献了一定的可能性,企业将这个融合的过程在运作的各个层面都进行了不同程度的渗透,使产业之间的融合从可能向真正的一种现实转化。关于不同的产业,企业之间通过横向的一体化,对产业之间的融合起到了一定的加速作用,对企业和产业的竞争力而言,都能使其得到大幅的提升。与此同时,企业之间竞争合作关系在产业进行融合的过程中产生了很大改变,进行融合的产业内部的企业发展迅速,它们之间的竞争也日渐激烈,产生了火花,企业在创新与灵活性方面也实现了质的飞跃。在这场关乎技术和产业的变革过程中,创新性和灵活性不达标的企业将无法在这个大的社会市场中长久立足。

第三,能够快速实现区域经济一体化。区域间的贸易与竞争效应的提升能够在产业融合的情境中得到实现,从而促进区域之间资源的流动和重新组合。产业融合的出现,在一定程度上使传统企业与行业之间的界限失去了效应,尤其是地区之间的界限,通过信息技术平台实现了业务重组,出现了贸易与竞争等相关效应。产业融合也会推动企业网络不断发展变化,使得区域之间的联系水平得到大幅提升。此外,产业融合还能使企业网络组织不断发展,使其能够快速成为区域联系的主体,这能够使区域间坚实的壁垒不断走向消融,其间的联系不断加强。而且,产业融合也使区域中心的扩散效应不断增加,能够在很大程度上促进区域空间二次元结构的完善。

产业融合的结果是出现新的产业或新的增长点。关于产业发展的理论,确切来讲就是研究产业发展中的发展规律和周期等影响要素及产业转移、资源配置等发展政策的一系列问题。产业发展规律主要是总结归纳一个产业的诞生、成长、扩张、衰退、淘汰的各个发展阶段需要具备一些怎样的条件和环境,从而应该采取怎样的政策措施。深入研究产业发展规律能够更好地使决策部门依照产业在不同发展阶段的规律,从而采取与之相应的发展策略。比如一个新兴产业的出现,大多是以某个发明或者创造为起点的,而这些新的发明创造对政府及企业的相关支持与研究战略又存在一定的依赖性。一个产业所处的每个发展阶段,都存在着一定的规律,与此同时,即使一些产业处在相同的发展阶段,其规律也是不相同的。因此,只有深入研究产业发展规律才能增强产业发展的竞争能力,才能推动产业不断向前发展。

深入研究产业发展的规律,能够使决策部门更好地依照产业在不同发展阶段的不同规律制定出相应的政策,也能更好地使这些企业依照相应的规律实施有利于企业发展的科学战略。

5.回顾产业发展相关理论

(1)产业结构的演变理论

①配第—克拉克相关定理。1940年,在威廉·配第关于国民收入与劳动力流动之间关系学说的基础上,科林·克拉克提出了这一相关定理。

伴随经济的变化和发展,人们的平均收入不断提高,劳动力也开始从第一产业流向第二产业;人们的平均收入得到提升的同时,劳动力也流向了第三产业;在第一产业中,劳动力的占比开始减少,而在第二产业和第三产业中的占比开始增加。在一些国家和地区,人们的平均收入越高,农业劳动力的占比也就越小,而在第二产业和第三产业中的占比就变得越大;相反,人们的平均收入越低,其在第二产业和第三产业中劳动力的占比就会变低,而在第一产业中的劳动力占比就会增加。

②库兹涅茨相关法则。库兹涅茨在配第—克拉克研究的基础上,统计各个国家关于国民收入,以及劳动力在产业分布结构上的相关变化,并对其进行了详细分析,并有了不同的理解和认识,基本内容包括:第一,伴随时间的变化,农业在国民收入中所占比重呈现明显的下降趋势,和它具备一定相关性的劳动力也不断下降;第二,关于工业部门,其国民收入在整个国民收入中的占比呈现大幅增加的趋势,但是,关于劳动力所占的比重基本没有变化或者呈现略微上升的趋势;第三,就服务部门的劳动力而言,其占比基本呈上升趋势,但关于国民收入在国民总收入中的占比并非呈现持续上升趋势,基本上没有变化或者呈现稍微上升的趋势。

③技术的升级及产业链的不断延伸。如果没有出现新的产业环境,进行产业技术升级,推动传统产业的改进,能够改善产业自身的质量,这在某种程度上也属于产业升级的一种。如果运用高新技术产业对传统的产业进行改造,则能够衍生出部分新的产业形态,比如汽车电子产业、光学电子产业等。就当前而言,通过进行产业结构升级,被淘汰的不再是夕阳产业,而是夕阳技术,当然,这不包括技术的升级。不断延伸当前状态下的产业价值链,提高其附加值也属于一种提升产业结构的方式,比如有意培养当前主导产业有前向、后向,以及侧向联系的其他产业等。

(2)区域分工的理论

就城市发展状态而言,站在区域分工的视角对城市相关产业的发展进行重新定位是新时代发展的客观要求。站在区域的视角,对区域中城市所占据的优劣势及其发展过程中潜存的优势进行分析,使城市在区域中的作用及角色的发挥得到明晰,避免"就城市论城市"的产业确定方式。

①比较优势理论堪称城市规划中产业定位使用比较多的一种理论,具体包含绝对优势理论与相对优势理论两种。

第一,绝对优势理论。亚当·斯密在《国富论》中系统地阐述了关于国际分工和经济发展之间的关系,在此基础上提出了与之相关的绝对优势理论。在这个理论中,他认为不同的国家或地区在不同的产品或产业生产上都具备一定的优势,而对相同的产业而言,每个国家在生产成本上都存在一定的差异,而贸易能够推动各个国家依照生产成本最低这一原则进行生产,以实现贸易获利。

第二,相对优势理论。1827年大卫·李嘉图在《政治经济学及赋税原理》一书中,将劳动价值论作为基础,以两个国家、两种产品为模型,对相对优势理论做了相应的阐述。他指出,因为不同的两个国家或地区在劳动生产率方面存在差距,各类商品之间存在一定的不均等,所以一些国家或地区,在产品或生产上面占据优势地位的话,就无须生产所有的商品,只需对占据最大优势地位的商品加以生产并进行出口;相反,一些国家或者地区,可以根据实际情况生产一些不那么劣势的产品。这样,彼此都能够在国际分工,以及贸易中提升自身的利益。长期以来,这一理论成为对一些国家或地区参与分工进行指导的基本原则,而且很多经济学家也对此做了深入的阐释与研究。

②新贸易理论。随着传统产业理论短板的出现,以及不断进行提速变化经济,美国经济学家保罗·克鲁格曼对此提出了一种新的贸易理论。他认为,不同国家或地区的贸易,特别是国家或地区之间存在着一定的相似之处。同时,贸易产品也存在类似性,是这些国家按照收益持续增加这个原理进行发展的一个结果,这与国家各个生产要素禀赋的差异性并没有很大的关联性。不管推动何种专业的发展,其在某种程度上都存在着一定的历史偶然性,将不完全竞争及同类产品贸易作为前提条件,微观方面的生产技术条件对其生产方面的需求及回报等起到了决定作用,生产技术发生一定程度的改变,也会改变生产要素的需求构成及收益格局等,

还会影响相似条件下的贸易,此外促成了同类产品之间的贸易。

③产业集群相关理论。就产业集群而言,由于其作为新型的产业空间组织模式,自身所具备的得天独厚的竞争方面的优势而受到国内外相关学者的高度关注。同时,在城市进行产业规划发展的定位中,包括相关组织中,其越加受到关注,尤其是在发展中国家和地区中更明显。在城市相关规划与研究领域中,产业集群主要指一种以中小型企业为坐标轴心,和它有一定关联的研究机构、行业协会、企业等与政府机构下的服务类组织等集合成群的经济现象,这不仅是一种行为中的结网与互动,而且是因为市场化行为的影响而诞生的一种产业组织形式,以原有的竞争性配套和合作为分工基础,具备一定的优势,比如内部专业化分工细致、相对较低的交易成本、相对集中的人才、科技相对发达、十分便捷的公共服务,以及相对较长而且配套的产业链条。从产业发展定位的视角来看,在选择或者引进产业的过程中,相关区域或者城市要特别注重自身和已有企业或者产业间的关联度,能够在现有的产业链中加以延展,或者对目前的产业技术水平具有一定的提升作用,最终融进集群当中,使得该区域或城市的产业发展具备一定潜力,推动整体产业竞争力的提升。

(3)发展阶段的理论

①H.钱纳里的"标准结构"相关理论。美国经济学家H.钱纳里凭借投入产出、一般平衡等分析法,以及计量经济相关模式,经过多方的比较探究,对以工业化为重要线索的发展中国家的一系列经历,推演出了普通意义下的"标准结构"。具体言之,就是依照国内平均生产总值水平,将相对比较落后的经济到十分成熟的工业经济等的发展演进,划分为三个阶段六个时期。

②霍夫曼定理。德国经济学家W.霍夫曼通过研究分析多个国家的时间序列数据,得出了"霍夫曼定理",具体来讲就是,随着某个国家在工业化方面的持续性变化发展,这个比例总体上是持续降低的。霍夫曼比例主要指的是消费及资本相关的资料工业在净产值方面所占的比值,即霍夫曼比例=消费资料工业的净产值/资本资料工业的净产值。就这个

定理而言,其核心内容可以阐述为:在以工业化为主体的初始化阶段,在相关的制造业中,消费资料工业的生产稳居主导性地位,相反,资本资料工业的生产相对滞后,甚至落后。在这一时期,霍夫曼比例为 5(±1)。到了发展的第二个阶段,资本资料工业快速赶超消费资料,然而在规模方面依旧比较小。在这一个时期,霍夫曼比例为 2.5(+1)。到了发展的第三个阶段,资本和消费等资料工业在发展规模方面平分秋色。在这一个时期,霍夫曼比例是 1(±0.5)。到了发展的第四个阶段,前者的发展规模已经远远超过了后者的发展规模。

6.发展相关效应

(1)创新性优化效应

产业融合推动了传统产业的创新,同时也促进了产业结构的不断优化及产业的发展进步。因为产业融合大多出现在高技术产业和其他产业之间,这个过程中产生的一些新产品、新技术、新服务等在客观条件下对消费者的需求层次有一定的提升作用,将一些传统的产品、技术、服务取而代之,这导致传统市场需求不断萎缩,在整个产业结构中的地位及作用也呈现持续下降的趋势;与此同时,通过产业融合衍生的新技术融合更多的传统部门,这对传统产业的生产方式和服务方式产生了一定的影响,加速了这些产品及服务结构不断升级。因为产业融合导致产业与产业之间出现了边界的模糊化现象,超越两个产业之间的界限形成了共同的技术及市场根基,促使结构布局易变的产业,快速从一个产业向另一个产业完美过渡,进而使产业得到创新与发展。

此外,生物工程、新能源、新材料及电子信息等高科技产业,和其他产业之间的广泛联系及这些产业具备的高成长性,使产业融合出现了边界模糊,能够促使其他产业不断向高新技术产业转换,并且能够通过产业的融合与创新产生一系列连锁反应,促使一个国家在产业结构上进行转化与快速升级。信息类与传统类产业之间在发展中进行相互融合,推动一部分传统产业部门逐渐由资本和劳动密集型向知识和技术密集型产业转化。传统农业部门与信息和工业技术之间进行渗透与融合,使其生产力水平得到了极大程度的提升。

信息产业及自身与传统产业之间进行渗透和融合,进而发展成为在国民经济中占据主导性地位的一个产业群,这是信息技术革命完全踏进产业化阶段的重要标志。信息技术革命成果的产业化是信息技术向社会生产力转化的结果,也是产业融合中占据基础地位的成果,更是推动产业结构升级的一种动力。伴随实体经济过渡至虚拟经济,信息业和服务业也进入了融合与合并阶段,这促使一批新兴的信息服务行业应运而生。服务业内部信息含量相对较高的部门发展速度较快,在服务业中所占比例也越来越高,这在一定程度上使整个服务业不断向信息化与网络化方向发展。

(2)竞争性结构效应

通过产业融合促使市场结构在各个企业之间的竞争与合作日趋合理化。就当下市场结构理论而言,市场容量的有限性和主体规模经济各类企业进行结合,会使企业的数目呈现下降趋势,产业集中化也会相对缩减。产业发生融合后,市场结构也会更加趋向复杂多变的态势。产业融合借助企业组织及产业之间新关联的构建和实现,从而使竞争范围发生变化,推动竞争范围不断扩大。在产业融合这一过程中,来自其他产业中的相关企业也会参与其中,促进更多企业之间进行竞争性碰撞。

产业在进行融合之前,归属同一个产业的企业群在产业内及企业之间是竞争关系。依据产业相关的严格定义而言,如果超出了相关的产业范围,就不能将其作为竞争关系。然而,在产业进行融合的过程中,原本具备固定化的市场与业务边界的产业部门通过互相渗透,促使产业与产业之间由最初的非竞争性关系转化为竞争性关系,并且,在这个特殊过程中,来自其他产业的新参与者也越来越多,导致竞争愈演愈烈,走向白热化。

在愈演愈烈的竞争中,企业倒闭与合并现象势必发生。在企业融合的过程中,因为网络等一些外部因素,也会导致垄断现象的出现,但是,这与传统垄断形式又存在一定的区别。

从另一个角度而言,产业融合也使得企业在规模及事业范围等方向不断扩大,进而推动产品和服务的创新等。产业融合所形成的新市场,不但能够刺激竞争,同时也增强了市场结构的全新塑造,加速资源优化配置,促使就业率不断上升,促进人力资本全面发展等。在产业融合的过程中,出现的企业并购及合并等一系列现象使市场结构得到重塑,重塑后的新市场在活动上反映了一个关于价值链的实质性变化,即由单一的信息传输向多元内容的产出与包装方面演进,或向在线式服务与交易方面进化。自由化和竞争让信息服务的传输与发送变得更加普遍且能够最大限度地转向低成本、高容量式的商业活动,这也促进了当下市场结构的变化。

传统市场结构理论认为,有限范围内的市场容量结合各个企业追求规模经济的动向,会推动生产走向集中化,企业数量的缩减。然而,产业融合之后,市场结构的变化也更加深刻。各个产业之间市场边界不再存在,不断松懈的政府管制,致使市场结构出现了互逆的两种效应:一种是某个产业融合其他产业,使得这个产业内企业数量持续增加,促使新进入者不断参与其中并进行竞争,导致融合产业的市场集中度持续下降;另一种是消费者需求的转变与综合化趋势使得企业的生产从大规模和标准化逐渐过渡至小批量和多品种,范围经济逐渐代替了规模经济在企业战略中的地位,以技术和业务融合为基础,促进企业之间不断走向横向或混合并购,致使竞争性的企业数量不断缩减,从而使市场的集中度不断得到提升。

总而言之,产业融合之后,市场竞争的模式发生了变化,由垄断式变成了完全式,经济效益也呈现强烈的上升趋势。这种情境表现最为显著的是信息产品相关行业及产品存在相对较小的差异性市场。产业融合后,出现了新的交易模式——跨时空的连续交易,某种类型的市场才能够无限接近于经济学家对效率的相关界定。市场有着广阔的空间,且受到时间方面的限制,这样才能更好地躲避垄断的困扰。

（3）组织性结构效应

产业融合不仅导致了企业组织之间产权结构的重大调整，而且引发了企业组织内部结构的创新。产业融合对市场行为的影响集中体现在企业的组织调整策略层面上。企业之间购并逐渐由纵向向横向或者混合购并演变，技术的加速融合是企业购并由简单到复杂的主要动力因素。在交易成本的影响下，企业组织结构的发展模式从最初的纵向一体化慢慢发展至横向、混合及虚拟一体化模式。从西方经济学的视角来看，企业的纵向一体化是组织通过权衡，认为公司内部的交易成本比外部市场交易成本偏大的结果所致。然而，横向一体化看重的是与外部组织的合作共存，与外部的交易也不是一种纯粹的市场交易。然而，在产业融合的前提下，企业必须做到在用时最短的情况下进入一个与之相关或非相关性的业务市场，具备横跨行业专业经营的能力。企业为了达到目标，通常会进行企业之间的横向联合，从而抓住转瞬即逝的市场时机。而且技术融合使得企业不同的业务可以在同一运作平台上开展，它们相互之间可以互补，通过协作发挥出更大的效应。所以，此时的横向一体化是企业自身资源和外部资源充分利用以便快速响应市场需求的经营模式。在这个模式中，企业将最核心的东西握在手中，对业务进行大范围的整合，以便形成对企业整体利益有利的模式。在产业融合中，企业外部组织结构的重组就是横向一体化发展模式。

企业内部组织结构在工业经济时代是等级分明、层次纷繁复杂、官僚主义丛生的一种金字塔形结构，不能融进现代信息经济社会的多变状态中。当今经济形态已经进入了经济的虚拟化与实体化的二元结构状态，而企业经营的未来模式中，占据主流地位的是虚拟企业。虚拟企业产生的基础是产业融合发展中衍生出的企业合作形态，它在很大程度上能够成为产业融合得以拓展的重要微观组织基础。虚拟企业是运用互联网技术，对多个企业的知识与能力加以联合，从而促进资源进行动态整合，共同打造某项产品与服务的一个过程，属于一种网络化的价值创造共同体。虚拟企业改变了传统企业中固有的金字塔式的纵向管理模式，开启了一种新的扁平化的横向管理模式。虚拟企业在信息网络平台上，推进了企业资源的整合，进而提升了企业对市场的快速响应能力，技术和产品不断更新，使消费者的个性化与综合化需求得到最大的满足，实现了经济的速度效应。

产业融合促使产业组织不断创新，也要求产业组织相关理论要时时革新，实现与产业组织调整发展的进程相适应。就这一理论的研究内容而言，因为产业融合涉足了关于跨产业的企业行为及其相关性，受限于产业内企业之间竞争合作关系的传统产业组织理论和方式，比如 SCP 范式等对产业融合问题的深入研究已经无法加以适应，所以必须构建新的产业组织分析框架。产业融合后的产业之间企业竞争与合作关系越加复杂，使产业管制政策原本的效力逐渐消失，产业组织政策也会由严格的市场准入转变为对市场经济秩序的正常维护，以及对产业发展新环境的打造。

（4）竞争性能力效应

产业融合有助于产业竞争力的提升。产业之间的竞争其实也就是产业价值链各个环节的竞争，没有哪个国家能在所有的环节都占据竞争优势。所以，一些国家或地区产业，附加值越高，发展前景越好，在产业中的竞争优势就会更加显著。而且，在未来的产业发展中，其竞争优势也会长期存在，产业融合促使最初分立的产业价值链部分或完全达到了融合目的，全新的价值链环节对包括两个以上的产业价值进行了融合。相较于原有的产业，融合型产业的附加值更高，利润空间也更广阔，而且为消费者创造了更多、更方便、价值更高的产品或服务，是未来产业的主导方向。自然而然地，伴随需求呈现持续增加的趋势，产业竞争力也会持续朝着消费主流方向转变。产业竞争力得到提升，其会推动企业群收获各类稀缺资源，以及市场份额和资本积累等。除此以外，这种竞争也能带来更好的物质供给和促进相关的技术研发活动，其研发能力也能够得到大幅提升。对技术融合发展也有一定的促进作用，这也为产业融合提供了内部动力。不同产业中企业之间的横向一体化推动了产业融合速度，也对企业及产业间的竞争力起到了一定的推动作用。与此同时,就企业推行的一体化相关战略而言,产业融合也衍生出新一轮的挑战。在产业融合过程中,企业的竞争与合作等关系产生了变化,融合产业中的企业数目呈大幅上升趋势,各个企业之间的竞争碰撞也更加激烈,企业的创新性及灵活性在战略上也上升到了一个全新的高度。在这场技术和产业的变革当中,一些企业因为创新不够、灵活性不强,进而落后于社会,走向被淘汰的悲惨结局。

(5)消费性能力效应

产业融合能够促进消费。产业融合带来的经济效应在促进消费方面起到的作用主要表现在以下三点:

第一,产业融合使更多的新产品与新服务浮出水面,使人们在收入增加和生活水平提升后对消费层次的需求得到了满足。"供给创造自身需求"定律告诉人们,伴随产业融合,产品会持续得到提升。

第二,产业融合推动更多的参与者进入市场并参与市场的开拓,对市场的竞争性,以及新市场的构建都起到了积极的作用。此外,由于产业链不断延伸及产业之间因整合出现的成本节约化(比如规模化生产成本、企业组织治理及交易成本等),使大批企业延伸了价值,这些都会以增加收入和降低价格的表现拉动消费。

第三,产业融合需要造就一大批复合型高级人才。培养一定的人才、投资相应的人力资本,都具备明显的双重经济效应,这是经济发展到一定阶段后推进经济良性发展的主要助推器。关于人力资本投资,这原本属于一个具备优质劳动力市场前景的高级人才生产过程,其本身就能够提升就业率及劳动生产效率;人力资本"消费"作为一种经济运行的最终拉动力量,在新的经济条件下,对生产能够起到一定的带动作用。

(6)区域效应

产业实现融合,能够为区域经济走向一体化提供动力。关于区域经济一体化,具体指存在于相异空间的经济主体为了得到生产、消费、贸易等环节的利益,进而向市场的一体化局面迈进的过程,主要涵盖了由产品市场、生产要素市场向经济政策统一的逐渐演进。区域经济的一体化，具体来讲就是其状态和过程、手段和目的走向统一。产业融合超越了传统产业相关的技术、业务、市场、运作等边界，同时，也会超越区域边界，推动区域经济走向一体化。

产业融合的作用具体表现为：一是产业融合将促进区域产业结构走向多样化和复杂化。二是产业协同对区域之间的相关贸易和竞争效应都起到积极作用，并且对于区域间的相关资源流动及重组，也有很大的提高。产业融合会突破传统企业及行业间，特别是地区之间的界限，借助信息网络技术这个平台对相关业务进行重组和革新。对区域间资源的重组和流动有着一定程度的升华作用，从而促使贸易和竞争等产生显著效应。三是关于企业网络的发展态势，产业融合有一定的助推作用，能够强化区域之间的联系。产业融合对企业网络组织的推动作用会成为区域间相互联系的主体，有助于打破区域之间的壁垒，强化区域之间的联系。四是产业融合对区域中心的极化，以及扩散效应都有一定的推动作用，对区域空间的二元结构也能起到一定的改善作用。五是产业融合在未来能对区域经济一体化制度的构建起到一定的推动作用。

（二）产业边界相关理论

产业边界是指在同类或者有密切替代关系的企业群或企业集合中，因为同一产业中的企业之间存在竞争与资源置换等关系。然而，在不同的产业之间又存在着壁垒，这致使不同的企业的进入与退出有自己的边界。

边界是系统理论中的基本概念。边界具备十分广泛的存在空间，在系统和环境中充当着双重身份，是人们对系统及系统和环境间关系的演化进行预测与决策的重要依据。

产业边界是通过产业经济系统的多个子系统构建的和外部环境有着关联的界面。关于边界的形成，主要是区分各个产业中的技术、业务及市场，包括监管机制及服务等产生的结果。尼古拉斯·尼葛洛庞帝提出的关于生产交叉及包含与重叠等，体现了产业的边界已经出现了一种不良的现象,即模糊、相互渗透并逐渐消失。吴广谋、盛昭渤从组织生命周期这个角度,积极考察了组织边界的动态性。他们认为,产业在动态化边界上使其作为短期尺度的、促进产业目标能够实现的一种决策变量。周振华在对光电及出版和电信等产业,还有工业生产行业的特性进行各项分析之后,基于运动、市场及技术和业务等维度,对产业边界做出了界定。技术边界主要是指每个产业借用某种既定的技术方式及装备和与此相互适应的一种工艺流程产生的产品;关于业务边界,主要指每个产业依照投入与产出方式的不同,向消费者提供相关的产品或者服务,从而构成了独特性的价值链。运作边界主要指每个产业活动都有相关的平台及配套设备;市场边界主要指每个产业就交易而言是在某个既定的市场中借助不同的环节和流转方式得以推行的。

(三)产业协同理论

1. 协同论的内涵

协同论主要研究的是与平衡态呈远离趋势的开放性系统在与外界进行物质交换或能量交换时,如何运用自身的协同性,产生一种时间、空间和功能方面的有序结构。该理论主要体现在现代化科技带来的新成果,并对结构耗散理论中的营养成分进行了吸收消化,借助统计学与动力学进行结合的方式,对多个不相关的领域进行分析研究,得出了多维度的空间理论,构筑了与数学有关联性的模型及处理方案,在微观向宏观演进的过程中,对各类系统,包括现象由无序向有序转化的规律进行了详细描述。

此外,协同论主要指对多个不相关事物的共性进行探究和分析而形成的一种新兴学科,也属于近几年发展中应用范围相对比较广的综合性学科,其重点是对各系统无序转向有序的相似性进行深入探究。哈肯是这个理论的最初提出者,曾将这个学科冠以"协同学",一方面是由于我们所研究的对象是许多子系统的联合作用,以产生宏观尺度上的结构与功能;另一方面,它又是由许多不同的学科进行合作,发现自组织系统的一般原理。

2.协同理论的内涵

协同理论在内容方面主要表现在以下两点：

（1）协同效应

协同效应指的主要是在协同的作用之下促使一种结果的产生。具体而言,在复杂开放的系统中,大量子系统在其相互作用下促使整体或集体性效应产生。就自然或者社会系统的复杂多样性而言,其都包括了一定的协同作用,这个作用可以说是系统有序结构催生的一种内在的驱动力。

不管多复杂的系统,其通过外在能量的作用或者是物质形成的一种聚集状态达到某种临界状态时,其子系统都会在协同作用下释放出来。关于这种协同作用,能够推动其在临界状态进行质的变化时,促使一定的协同效应产生,进而推动系统从无序向有序的状态变化,在混乱变化中衍生出一种相对比较稳定的结构。

（2）自组织原理

自组织是相对他组织而言的。他组织指的是组织的指令及能力都来自系统外部;自组织指的则是在没有外部指令的条件下,其内部存在的各个子系统仍然能够依照某个既定规则以主动状态构成某个结构或者某种功能,其中的自发性和内在性是它的特性。关于自组织原理,其具体阐述是在既定的外部能量、信息及物质流输入的条件下,系统会借助大量子系统间的协同作用,推动新时间及新空间,促进功能有序结构的快速形成。

3.协同论的可能性

协同论具备普适性特征。因为协同论属于自组织理论的范畴,其使命并不单单是发现自然界中的一般规律,其还在无生命与有生命两种自然界之间构建了一座桥。由此可见,协同论尝试将这两种截然相反的自然界进行统一,进而探索出其存在的共同本质规律。这个理想已经被两个发现证明会成为可能。一是在有生命的自然界当中,一切系统都是开放系统;二是在系统进行演化的历程中,结构的实现得益于各个集体运动的形式。由此可以得知,协同论阐释的系统一般性规律,不仅为我们探究自然现象,还为我们探究生命起源、生物进化、人体功能乃至社会经济文化的变革等提供了新的原则和方法。

基于协同论的特性,在管理领域的广泛应用,推动了管理理论的发展及对解决现实管理领域中的问题起到一定积极作用,为其提供全新的思维模式及理论视角。

协同论的自组织原理告诉我们,任何系统如果缺乏与外界环境进行物质、能量和信息的交流,其自身就会处在一种孤立或者封闭的状态。在这种封闭的状态下,不管系统原本处于何种状态,其内部的一切有序结构都会遭到破坏,从而出现一片"死寂"的景象。所以,系统只有和外界不断进行物质及信息和能量等方面的交流,才能维持自身正常运转,促使系统朝着有序的方向不断发展。管理系统属于一个纷繁复杂的开放性系统,说其复杂,主要是管理系统的组成要素通常是人及组织和环境,而每个要素中又嵌入了多种次要素,其内部的特征是属于非线性的。

此外,它又是开放系统,这是因为它通过不断地接收各种信息,并经过加工整理后,输出管理对象需要的信息。管理系统具体来讲就是不间断地在信息进行接收与输出的过程中使系统有序发展。

4. 协同论的必要性

协同是现代管理发展的必然要求。通过协同理论发挥的程度与系统中各个子系统或者其构成要素的协同作用有着决定性关系,这一作用得到极致发挥时,其系统的功能也能随之得到最佳的发挥。如果在一个管理系统内部,人及组织,还有环境等多个子系统内部及这些子系统之间能够做到相互协调配合,围绕一个共同的目标进行运作,其协同效应就能发挥出 $1+1>2$ 的效果;相反,如果一个管理系统内部相互掣肘,出现冲突或者摩擦时,这个管理系统的内耗就会不断增加,系统内部的多个子系统的功能也很难得到极致发挥,这就会导致整个系统处在十分混乱的一种状态下。

现代管理所面临的环境是纷繁复杂的,比如全球经济一体化趋势愈演愈烈,企业之间的竞争也进行着激烈的碰撞,就会出现日新月异的技术、更新换代的产品;以消费者为导向的时代已经近在咫尺,人们的消费正朝着个性化和多样化方向迈进。这些给企业的生产方式带来了新挑战;不断变化的市场环境及不断走向优化的生活质量,这些都使得企业的生产与服务必须更加优质。在这样的背景下,企业系统在不断发展的过程中要想不被阻断,除了与自身各个子系统之间进行协同合作,还应借助其他力量使自身的不足得到弥补,进而在竞争白热化的时代中具备决胜的优势资源。

序参量是现代管理发展的主导因素,也是协同论的核心概念。而序参量主要指系统在演变中生发出从无至有的一种变化,这对系统中每个要素由一个相变状态转向另一个相变状态的集体协同行为都有一定的影响,并能够从中指出一种新的结构性场参量。因此,从管理学视角去识别必然和偶然之间的因素、主次方面的因素,以及本质和非本质之间的因素,并从中找寻出对其有着决定性作用的序参量,这样就能够全面掌控整个管理系统的发展动向。之所以呈现出该种变化,序参量在系统演化这个过程中起到了主宰性作用,对其演化的结果也有着一定的决定作用。

序参量这个概念为当今时代的管理提供了一个全新的理论视角,阐述了系统如何在临界点上产生相变及序参量如何对新的时间、空间、功能与结构进行主导。序参量的特点决定了其是管理系统进行发展演进的主导因子,做到在管理的过程中抓好时机、创造条件。通过对管理外部的参量的控制,并强化内部协同,增强并凸显我们期待的序参量,如此能够推动管理系统的运行更加有序稳定。

自组织是管理系统自我完善的根本途径。协同论的自组织原理主要是指对系统的无序向有序演进过程的阐述。就实质上而言,指的是系统内部的自组织过程,其中协同是自组织的形式与手段。基于以上可以理解为当今时代的管理系统如果想由无序向有序的稳定状态推进,进而实现自我完善与发展,这一目的实现的根本途径就是自组织。

管理系统要想使自身的组织过程能够实现,关于这一组织完成的条件不能缺少。首先,关于管理系统方面,要保持开放,保证能与外界在物质、能量及信息方面进行畅通无阻的交流,确保这个系统有足够的活力支持自己的生存和发展;其次,该系统还要拥有非线性相干性,其内部的各个子系统也要做到相互协调融合、共同作用,尽可能减少内部消耗,使得各自的功能效应得到极致发挥。

(四)产业链整合理论

1.产业链的内涵

产业链的内涵十分丰富。产业链这一概念是源于社会分工而出现的产业现象和结果的反映。除此以外,产业链理论对产业与企业之间的研究起到了一定的桥梁作用,致使产业链的性质及结构与形成机制、治理模式研究变得趋向复杂化。通过对当今产业链相关概念的总结性描述,我们认为,产业链的概念是产业各个部门之间的一种关联性。从本质上来讲,产业链描述的是一种存在内部联系的企业群结构,它是相关产业组织形成的一种堪称功能性的网链结构。产业链理论对产业的关联程度进行了阐述,这种关联关系具备五方面内涵:产业链表达的是一种满足需求的程度;产业链表达的是产品价值的一种传递;产业链表达的是对资源加工的深度;产业链表达的是一种主导性的核心技术;产业链表达的是产业相关的地理空间布局。

(1)供需链

产业链描述的是相同产业内各个企业之间的一种关联程度。就本质而言,这种关联程度指的是企业之间供需结构关系的一种供需链。产业链上、下游企业间的供需关系形成了供需链——上游企业向下游企业输送所需的产品和服务,下游企业和上游企业之间存在大量的信息、物质等方面的交换。伴随产业链中企业间的分工协作密度呈现持续增强的趋势,产业链上企业之间的相互联系也能够凭借产权关联和准市场关联等一系列契约方式来满足供需关系。

（2）价值链

产业链的导向是产品价值的创造和传递,反映了从原材料到消费品的价值增长过程。产业链的出现是社会分工导致的,在市场交易机制的作用之下,产业链组织也持续变化着。伴随产业分工持续向纵深方向发展,传统产业内部不同类型的价值创造活动渐渐从一个企业为主分别向多个企业的活动转化。产业链背后隐藏价值创造的结构形式,是产业链价值属性的代表。一般来讲,产业链上的价值分布存在不均衡和非静止性;其内部不同的组织关系对价值链的分布也会产生一定的影响。在产业内部,具备一定垄断地位的企业和产业链上的"链主"企业,一般情况下能得到更高的价值体现。

（3）产品链

产品链主要是指资源到成为消费品这一加工过程所产生的反应。对每个企业而言,都要对自身的产品功能进行各方面的完善。产业链是由产品生产企业或者配套企业组成的一种产业链条。产业链上的相关企业,可以是通过一个上游企业同时向下游节点的众多企业提供与之相匹配的产品,也可以是通过同一个节点上的几家上游企业同时向下游的同一家企业提供与之相匹配的产品。就功能而言,产业链上游企业至下游企业是产品或服务功能不断加强的顺序过程。

（4）技术链

每个产业的存在和发展都需要主导技术,这些主导技术是最终形成产品或服务的支撑环节。所以,从技术层面来讲,技术链是产业链的一个重要支撑。产业的主导技术与产业自身之间的关系是互动的,技术的创新能够推进产业的发展,产业的发展对技术进步也能起到促进作用。需要指出的是,伴随知识管理在多个领域的崛起,站在知识角度对产业链进行探究者日渐增多。本书将知识链归纳为技术的范畴,主要原因就是显性知识最后的表现形式为技术;而与之相对的隐性知识因为很难描述,主要隐含在具体的行为当中,在产业链的概念中很难表达清楚。

（5）空间链

空间链主要是探究不相同的地理空间范围的产业链分布特点。根据产业链研究来看，如果一个产业链相对比较发达，其在布局方面大多是呈现出"扎堆"的景象，也就是产业集群。通过对相关产业链空间分布状况的研讨，梳理与产业链进行升级相关联的各种思路，对产业链分布状态的不断优化属于研究产业链的一项重要内容。

综上所述，产业链是供需链、价值链、产品链、技术链和空间链等要素的体系化。这五个要素之间存在互相影响和制约的关系，揭示了产业链的重要特征：产业链存在的前提是供需链；其得以形成的关键是价值链的衔接；产业链能够提供相似的产品或者服务；推动产业链重构的一个重要因素就是产业链的主导技术；在空间分布上发达的产业链的表现就是产业集聚。

2.促进产业链整合的因素及方式

产业链的发展属于一个动态协调的过程，它始终围绕的核心问题是如何促进产业链各个节点效益及效率的不断提升，主要表现为产业链的收缩与延伸，还包括其相关的价值和空间分布、供需关系等变化。受政策管制及技术革新等诸多因素的影响，产业链的整合成了产业发展的常态，特别是近年来 IT 技术在社会范围内进行渗透，致使诸多产业链不断改变。产业链整合理论就是站在产业协同发展这个层面，对这五个要素的逻辑关系进行重构。

（1）促进产业链整合的因素

从社会分工的视角来讲，产业链的整合是对产业分工生产方式的一种创新。这种现象的出现，势必受到三个因素的影响，即技术创新、生产要素产业管制、相关产业及支持性产业的发展。

生产要素主要是上游产业进行竞争的条件，是竞争联系最为密切的生产要素，涵盖了自然、人力、知识及资本相关资源和基础设施等。上游产业因其特性不同，这就决定了其对不同要素的依赖性。譬如信息类产业主要依托知识及人力相关资源得以发展壮大,相比传统的农产品类,加工工业对自然资源等依赖性要高。

相关产业及支持产业体现为从上游产业到下游产业的扩散和产业之间的支撑,健全且竞争力强大的产业对主导产业整合与发展更能起到一定的推动作用。企业的生产要素与主导技术具备一定的扩散效应,能够推动与之相关的产业获得经济利益。当然,这中间代表性最强的要数电子信息产业,它推动物流、服务业及制造业在近几年产生了巨变。而在建筑行业,由于信息产业的发展,国内家庭建筑装修产业链也发生了重大整合:传统产业状态下的建材生产商及批发商和零售商,包括建筑装修队等产业链的组成日渐趋向扁平化,甚至诞生了上海团购网等网络资源整合平台。它们通过网络平台直接联结了建材生产厂家及终端消费者等,消费者利用网络平台能够以批发价格进行大批订货,进而推动超扁平化产业链的出现。

产业链的整合,并非某个单一因素引发的,而是多个因素通过相互作用导致的一种结果,其中起到主导作用的是某一个或者几个关键因素。生产要素及技术革新、政府管制与相关产业只是产业链整合这一现象产生的必要性因素,而对产业链整合最终结果产生决定性影响的是产业链的协调难度及产品的复杂性。

(2)产业链整合的方式

产业链整合主要表现为供需链、价值链、产品链、技术链及空间链的重构,基于此,我们可以认为产业链整合的三种方式与产业链五个维度的变化具有极强的关联性。

①供需链整合是对信息服务企业之间契约关系的一种反映。企业之间存在三种典型的契约关系:市场交易关系、产权关联关系及准市场关系。其中,市场交易关系的主要表现是,产业链上的企业之间以市场交易的方式使对方的供需得到满足,交易双方的企业利用市场这个载体得到一定的原材料及实现产品的销售;产权的关联关系主要表现为产业链上的相关企业利用并购及持股等方式形成合作机制;准市场关系的表现是,

各个企业之间利用非产业及非市场等关系打造相对稳定的业务联系,包含上游与下游企业之间形成的合作关系、企业为了应对竞争环境变化而建立的一种战略联盟关系等。供需链的重构主要表现在,产业链的企业利用三种不同的契约关系,对不同产业链协同加以支持。伴随产业链上各个企业之间的协同度的持续提升,供需链一般情况下通过市场交易关系向产权关联关系或者市场关系进行转变。这一现象在钢铁行业中表现得较为明显,较大型的钢铁企业都在设法与上游原材料企业构建产权关联或者准市场关联,进而使自己的原材料供给处于稳定状态。企业契约方式变化的出现是供需链整合的关键。纵向一体化方式能够促使产业链上游和下游企业之间的市场交易关系发生改变,横向一体化能促使两个同向并行的企业之间的关联关系发生变化,产业融合则可重新划分产业的市场和业务,重组上下游和并行产业之间的关联关系。

②价值链整合对产业链上的价值分布关系进行了强调。产业链上的每个环节,企业都应该能够从中获得一定的利润,否则产业链就不会存在。产业链的价值分配是价值增值作用的一种体现。但是,产业链上关于利润的分配并不是均等的,处在强势地位的"链主"企业在中间往往能够获取更高的收益,而处于从属地位的企业,获取的收益则相对较低,一般低于平均收益率。产业利润率的合理分布便是产业链价值整合的关键。在产业链上,如果某个企业获取的利润过低,就会致使这个节点企业的退出。因此,相关联的产业链企业就需要通过简化产业链或者以让利等互惠形式,保障价值传递的合理分布。根据"微笑曲线"的描述,在一个相对成熟的制造型产业链上,其上游的研究与设计环节、下游的品牌营销环节的附加值都比较高,而制造环节的附加值则相对较低。产业链纵向一体化是企业对现有产品更多附加值加以追求的一种活动;横向一体化指的则是企业通过对品牌的生产规模进行扩大,从而获取更加规模化的经济活动;产业融合指的是企业对附加价值及规模经济二者进行追求的一种综合行为。对价值链的价值分布产生影响的主要是技术链、供需链、产品链逻辑构成,产业链上核心技术的拥有方、市场较稀缺产品的供应企业和产品功能形成过程中的主导方都是获得价值较高的企业。

③产品链整合显示了产业链最终产品或服务的使用功能不断成型的过程。产业链是把提供不同产品和服务的中间形态企业整合在一起,以形成提供完整产品和服务功能的网链结构。产品链整合的关键就是产品与服务标准、产品功能等各个要素的耦合。产业链上游与下游的企业只有共同享有统一的产品与质量标准,才能够产出合格的产品。产业链的纵向一体化发展对产品链的加工深度有一定的提升作用,而产业链横向一体化对企业生产与之相关的产品功能这一能力有一定的提升作用,最后产业融合不仅对产品功能加工的深度有一定提升,还对相似产品的生产能力起到了增强的作用。

④技术链强调了产业对核心技术的掌握和开发情况。每个产业的形成都有其主导性的核心技术。例如信息产业通信标准就是通信服务的主导标准,它对上游的通信设备及下游的通信终端的应用与开发都有异质性的影响。技术链整合的关键点就在于技术方面的衔接,换句话说就是扩散。产业链的发展势必与核心技术的扩散与传播相依相伴,实现技术在产业链上游与下游的应用,才能够使整个产业链不断向前发展。产业链的纵向一体化起到了对产业指导技术的上游与下游衔接与延伸的作用,产业链横向一体化是某类技术应用向相关产业的渗透,产业融合则是创新性技术的突破。

⑤空间链整合强调了产业链的空间分布特性。产业布局和产业配套半径等重要指标反映了空间链的这一特性。由于受产品生产或服务提供的物理空间的限制,所以常规情况下的产业链要尽量与原料供应商及半成品生产商和终端消费市场尽可能接近。不管是产业链的横向一体化、纵向一体化还是产业融合,产业链的空间分布维度都强调产业链上游与下游都有在同一个地理空间内聚集的趋势。这对产业链企业进行密切合作,以及形成灵活机动的协同机制都有一定的促进作用。

(五)产业集群理论

1.产业集群的概述

不同学者针对集群的概念有着不同的理解,产业集群的概念是由波特首先提出来的。波特指出，集群是指具有相关性的企业与机构在某个特定的区域进行集中的现象。集群由一系列具备相关性的企业与其他对竞争存在一定影响的实体构成。法雷尔认为，一个集群是指在某个特定的领域，因为共同性与互补性，通过相互联系的企业及与之相关的机构形成的一个在地理方面集中的群体。罗森菲尔德指出，集群仅仅被用于代表那些因为地理集聚性和相互依赖性，从而能够协同生产的企业的集中，即使它们在就业模式上并不是特别突出。费瑟则认为，经济集群不仅是与之相关的支持性产业与机构，更应该指的是那些因为关联性而更具竞争力的相关支持性机构。1996 年，普雷维泽提出，集群在这里被定义为基于一个地理空间上，同一产业内的企业群体。1998 年，他们又对此进行补充和完善，认为一个集群是指在某个特定的区域中，与之相关的产业的一个大企业群。森特也对此做出解释，我们将创新型的集群进行新的定义，即主要通过供给链，并且在相同市场条件下运作的，具备较高层次协作的、大量相关联的产业当中的企业或者服务型企业。托格对此也提出了自己的观点，他认为具备相对强烈的依赖性的企业，其中包括专业化的供给者，组成的生产者网络。范登伯格认为，当前非常流行的一个名词"集群"指的是与网络中地方区域维度有一定关联性的概念。大多数定义都具有这一观念：集群指的就是那些生产过程通过商品及服务或者知识进行交易而获得紧密关联的专业化组织的地方化网络。

2.产业集群的种类

针对产业集群的研究，多数学者的视野不同，其定义和集群类型的划分也存在一定差别。马库森以产业区结构特征为依托，将产业集聚明确分为以下四个：即轮轴式产业区、马歇尔新产业区、卫星产业平台和政府定位型产业区。蒂奇.G 以产业的生命周期为主要依托，将产业集群进行了划分，即形成阶段、成长阶段、成熟阶段、衰退阶段。麦肯等学者站在交易成本的立场上，依托集群中企业及集群内关联和交易等相关特征，将产业集群进行了划分，即纯粹集聚、产业共同体及社会网络。皮特罗贝利站在企业与企业之间的关系这一立场上，将产业集群进行了如下划分：马歇尔式产业区域、企业的地理集群、存在某种领导者形式的企业网络。格雷菲从价值链的治理结构角度,以价值链治理结构为立足点,对产业集群进行了划分:纯市场化、科层及三层网络结构。

3.产业集群理论的产生

产业集群理论的思想源于马歇尔的古典区位理论、韦伯的工业区位理论和佩鲁的增长极理论。尽管在马歇尔、韦伯时,产业集群现象就已经出现了,但在那个时期,这个理论在主流的经济学中有一定的偏离性。直到波特提出产业集群,这个概念再次进入人们的脑海并受到关注。这之后不久,格曼对他的理论进行了新的完善补充。这两人提出的相关理论,是其正式形成的一个重要标志。

(1)波特的"竞争钻石"理论

波特提出了"产业集群"这一概念,并通过对多个国家的探究和分析,提出了"钻石"模型。他认为,地区性产业集群产生的竞争力受五个关联性因素的影响,即要素和条件、相关和支持性产业、企业相关战略、结构和竞争及政府和机遇,这五个要素在共同作用下形成了与产业集群相关的竞争力。他还认为,在特定的地理范围内,企业集中形成的产业集群对竞争的影响主要体现在三个方面:一是相关区域企业的生产效率得到一定的提升;二是对创新的方向和速率都有一定的影响;三是加速新企业的构建,使集群本身得到进一步的扩充和强大。

波特的产业集群理论也受到了一些学者的批判,这些学者认为集群理论过于强调国家与政府在集群中的作用。此外,还把错综复杂的经济活动简单地归结为五个要素,这不太符合现实情况。

(2)克鲁格曼的产业集聚理论

克鲁格曼把空间思想正式引入经济分析,是继马歇尔之后第一个把区位问题同规模经济、竞争、均衡等问题结合在一起进行研究的人。他对此给出了自己的看法,认为经济活动的聚集和规模经济有一定的相关性,这会促使收益持续增加。克鲁格曼从理论层面对工业活动趋向于空间集聚的普遍现象做出了证明,比如贸易保护及地理分割等问题。不仅如此,他还认为,产业集聚的空间格局也具备多样化,其中特殊历史事件在这中间起到了特别重要的作用。1991年,克鲁格曼在一篇文章中把地理因素重新纳入了经济学的研究范畴中,并运用模型证明了一个国家或地区为推进规模经济促使运输成本达到最小化,这是制造业企业在进行区位选择时对市场需求相对较大的特点,而对市场的需求又取决于制造业的分布,最后形成了中西一边缘这种模式。克鲁格曼还认为,产业集群之所以能够出现,有既定的路径,并且空间集聚一旦形成,就会出现自动延展的现象。他对产业集群的相关研究,有学者将其称作新型的经济地理理论。这一理论为地方政府进行相关的政策制定提供了一定的依据,而这些政策对地方集聚的出现有着一定促进作用。

4. 产业集群理论在新时期的进展

由于研究视角不同,学者形成了不同的观点,而新的研究成果主要有以下四个方面。

(1)新产业区理论

意大利学者巴格纳斯科首次提出"新产业区"这一概念。他认为,新产业区主要是指有着同一社会背景的人群、企业在既定的地域当中形成的一种"社会地域生产综合体"。20世纪末,巴卡蒂尼指出,新产业区实际上是社会性和地域性的一个实体,是在自然和历史限制下的决定区域中的任何企业集合。关于新产业的标志性事物就是本地化网络,即区域内的行为成为主体间的正式性合作,包括其在城市间的交往中所产生的非正式化的一种交流关系。他尽管就新产业区提出了相关概念,但因为此前有两位学者提出了弹性专精理论之后,这个理论才增加了人们的关注度。有学者认为,弹性专精是产业集群的基础,具备专业化和柔性等特征。这里的柔性主要指借用生产要素的二次配置改变生产过程,而专业化主要指该资源的二次配置是在一定范围内运作的,因为进入某个产业界的企业都认为"他们的行业"生产的是与这个领域相关的产品;产业集群区如果形成固定模式,那么集群区之外的生产者就不能随意使用这中间的丰富资源和制度性供给;虽然在一定程度上对创新及竞争是持支持态度的,但超出特定约定的竞争是不被允许的。究其原因,不正当的竞争在很大程度上不利于技术的发展和进步。

（2）新制度经济学理论

新制度经济学派的主要代表者是科斯和威廉姆森。1937 年，科斯通过研究提出了"交易费用"这个概念，并认为企业的产生前提是成为价格的替代物。1975 年和 1985 年，威廉姆森相继出版了《市场与科层》《资本主义经济制度》等书籍。威廉姆森在这两本书中，对交易费用的分析方式做出了定论，他通过不确定性及交易频率和资产专用性对经济活动的体制结构进行了解释，并提出了"中间性体制组织"这一概念。在这里，"中间性体制组织"指的就是产业集群，这是一种存在于纯市场组织及纯阶层级组织之间的组织形式。这些中间组织的出现，是由其本身从效率的视角或者说是"生存能力"的角度内生性决定的。根据这一观点，可以把产业集群理解为：产业集群是基于专业化分工及协作的多个企业进行结合后的组织，组织结构是存在于纯市场和科层组织之间的一种中间性组织。与市场和层级组织相比，它更具稳定性和灵活性。这种组织形式利用各个企业之间的协作分工、交流沟通，使得交易成本降低到一定程度，进而实现追求区域范围经济的目标。

（3）新社会经济学理论

新社会经济学具备三个基本主题：根植性、社会网络、制度。新社会经济学派是站在一个新的理论视角，将社会结构加以引进，并发展了根植性及经济的社会结构和网络理论等思想，使得在进行经济决策时，能够对社会、文化及权力和制度等因素造成的影响进行充分考虑，进而能够更好地与经济学、社会学相结合。

（4）区域创新理论

区域创新理论是由熊彼特首先提出来的。之后，欧洲 GREMI 小组站在社会文化环境的视角对集群进行了独特分析，把产业的空间集聚现象与创新活动进行联系。这种创新环境，就广义上来讲，指的主要是产业集群所在地的社会文化环境；而从一般意义上来讲，这种创新环境指的是在集群所在地促进创新的各种制度、法规、实践等所构成的综合系统。

另外,部分学者以产业集群的内在推动力为视角,对产业集群演变理论进行探究,进而提出了另一种分类方式,将产业集群发展过程中的这个理论划分为五个视角。

①竞争视角。这种观点认为,产业集群是通过竞争形成的,熊彼特是主要代表人物。关于竞争产业的结构,熊彼特进行了讨论,并指出在一定区域的产业集中指数与公司之间的竞争度并不能形成既定的相关性,产业内的竞争风气要比产业集中指数更能说明这一点。

②合作中的竞争视角。企业之间的竞争与合作关系是产生集群的原因,强调在竞争中找合作。

③创新环境视角。"创新环境"是由艾德洛特、梅拉特提出的。之后,卡马格尼对此进行了深入发展,并在1991年突出了"创新网络"。这一观点认为,创新环境是企业进行创新的约束性系统,也属于一个学习类系统,主要强调的是各个主体之间的合作互助关系。

④经济增长视角。该理论主要站在从内生及扩散的视角对产业集群进行探究的,其主要贡献是基于知识及人力资本集群的全新视角来探究,认为知识与人力资本等这些因素可以扩展经济增长的可能性边界,进而形成总体规模报酬递增。

⑤社会资本视角。该视角主要从网络、信息、信任等对产业集群的发展状况进行探究,认为集群中个体之间的关系对个体信任之间的关系有一定的依赖性。企业之间内含的合同其实属于信任的替代者,并且通过所暗含的合作互利的假设前提来说明个人理性与社会理性的和谐,个人系统和社会利益的统一。

关于产业集群的研究,西方学者站在不同的视角进行研究,而且研究学派也很多,虽然获得了一定的成果,但也存在越加严重的混乱及困惑,与产业集群相关的诸多问题还未有定论,与集群相关的理论成果也不是太成熟。此外,与集群相关的理论都是针对西方国家出现的一些问题提出来的。因此,在对产业集群这一理论进行实践时,相关学者特别是相关政府部门的态度必须更加科学、严谨,要依照每个地区的实际情况制定适应这个地区的政策。

第二节 体育文化与生态旅游的发展战略研究

一、体育融合背景下健身休闲产业发展的动因及创新路径

健身休闲产业是指以体育运动为载体、以参与体验为主要形式、以促进身心健康为目的,向大众提供相关产品和服务的一系列经济活动的总称。健身休闲产业作为一项横跨生产、服务与消费,兼容公益性与商业性的一个新兴产业,是目前被国际公认的最具有活力的朝阳产业、绿色产业和健康产业。

(一)健身休闲产业发展的动因

健身休闲产业作为当今与其产业关联领域非常广泛的一种典型的绿色生态和环保型的健康产业,它不仅是社会公众参与健身休闲活动的最直接领域,也是加快体育产业发展促进体育消费的核心基础,更是实现全民健身和全民健康深度融合发展的重要动力。目前,促进我国健身休闲产业发展的动因较多,本研究主要从健身休闲产业政策、健身休闲需求、体育消费三个动因进行归纳与总结,以判断出促进我国健身休闲产业发展的最佳驱动点,从核心驱动视角进一步明确我国健身休闲产业发展的动因,促进我国健身休闲业的可持续性发展[①]。

1. 健身休闲产业政策是促进健身休闲产业发展的有效推动

政策对一个国家和地区健身休闲产业的发展往往起到至关重要的推动作用。一方面,现有健身休闲产业发展需要政策的支持与服务;另一方面,政策从监管及行业规范层面也对健身休闲产业形成创新驱动。

① 李少龙,李德玉,白怡珺.体育产业多元化发展及路径研究[M].哈尔滨:哈尔滨工程大学出版社,2021.

2.健身休闲需求是健身休闲产业发展的动力

纵观发达国家健身休闲产业的发展,健身休闲需求是促进健身休闲产业发展的直接驱动力。发展健身休闲产业不仅是一项发展社会事业的幸福产业,也是一项依托经济基础和人们健身休闲需求,加快体育产业健康发展补短板力度的朝阳产业。经济基础决定上层建筑,经济发展和人们的健身休闲需求关系到健身休闲产业发展的程度。只有当人们的基本物质生活条件得到充分的保障后,不同的群体才有能力去享受自己的健身休闲生活发展方式,焕发健身休闲意识,提升健康水平和生命质量。近年来,随着城乡经济发展水平的不断提高,以及社会生产力方式带来的深刻变化,给城乡居民带来更多的收入和经济发展富裕的同时,城乡居民可自由支配的休闲时间越来越多,经济富裕和休闲时间的逐渐增多,为城乡居民参与健身休闲活动提供了重要的物质基础,在刺激城乡居民的物质需求和精神需求迅速增长的同时,也为城乡居民参与健身休闲活动提供了原动力,加速了城乡居民对健身休闲的追求和健身健康观的改变,使城乡居民参与健身休闲活动成为一种可能。但是,在经济快速发展过程中却出现了越来越多的健康问题,各种慢性病、亚健康和癌症等疾病,产生了高额的医疗费用,严重影响了居民的身心健康发展。正是基于这样的情况,越来越多的城乡居民开始更加注意自己的身心健康,对参与健身休闲活动有了更深刻和全面的认识,此时健身休闲产业发展具有广泛推动价值作用的正向影响效应将得到充分体现,人们开始通过各种途径切实提高自身的体质健康水平和生命质量,逐步增加健身休闲需求的经济投入,城乡居民的健身休闲需求无疑也是促进长株潭地区健身休闲产业发展的动力因素。由此可见,借大众健身休闲需求的机遇期,创新健身休闲产业的发展方式,逐步规范健身休闲产业市场,抓住健身休闲产业市场的热点消费需求,以健身休闲产业消费的全民化公共服务为平台,以满足一定的大众健身休闲产业发展需求形成潜在的健身休闲消费吸引力,才能延伸健身休闲产业的产业链,加快长株潭地区健身休闲产业的发展。

3.体育消费是促进健身休闲产业发展的动力

健身休闲产业作为一个蕴含着巨大经济功能、社会和生态双重效益的朝阳产业,在当今体育服务业的发展中也是一个典型的消费型产业。因此,体育消费才是促进健身休闲产业发展的重要基础,城乡居民体育消费是促进健身休闲产业的发展主体,也是促进健身休闲产业发展的终端。健身休闲产业的发展与闲暇时间和体育消费密切相关,三者是相互联系和相互作用的整体。现代社会发展的科学化和信息化彻底改变了人们的生产方式,加之国家对缩短工时和增加法定节假日的支持性政策的保障,尤其是随着春节和国庆节两大黄金周、劳动节、元旦、清明、端午、中秋五个小长假,周末双休日,大、中、小学校的寒暑假,以及带薪休假制度的落实,我国公共假口与周末假口已经达到116天,使得城乡居民的闲暇时间日趋增多,闲暇时间为居民参与健身休闲活动提供了可自由支配的时间,城乡居民参与健身休闲活动的人数逐步增加,促进体育消费水平不断提升,体育消费加快了健身休闲产业的发展。体育消费水平的提升给健身休闲产业的发展带来了巨大空间。

(二)国家战略决策下健身休闲产业发展创新路径的选择

1.实施区域健身休闲产业集群协同创新策略

为加快健身休闲产业的发展,推动健身休闲产业发展经济功能、社会效益和生态价值的全面释放,弥补健身休闲产业在促进全民健身与全民健康融合发展中的短板,从健身休闲产业发展的国家政策、制度落实、投资主体、资源共享和技术创新等方面,制定出科学的区域健身休闲产业集群协同创新发展的策略,是促进健身休闲产业的整体稳定发展基础和保障。实施区域健身休闲产业集群创新是一项极其复杂的系统工程,不仅涉及健身休闲产业政府政策、制度落实、投资主体、资源共享、技术创新和人才培养等方面,而且会受到区域社会经济、健身休闲产业发展水平、体育文化创新等因素的影响。据此,在区域健身休闲产业集群创新中的企业应以共同利益为出发点,在以健身休闲产业经济扩散与回流效益的内在需求,作为主导产业具有普遍性的优势条件和市场经济、生态环境和大众健身休闲需求重要支撑的前提下,通过区域健身休闲产业价值链的不同环节点协同创新开发新产品、新技术和新思想,并能将模仿创新、价值创新、自主创新和破坏性创新策略等有效融合到健身休闲产业发展的过程中,形成自身竞争优势和独特的创新运行模式,带动整个区域健身休闲产业集群创新能力的升级,形成比较成熟的区域健身休闲产业集群创新企业,促进区域健身休闲产业健康发展的思路。

2.推行健身休闲产业发展的 PPP 模式

健身休闲产业是我国在体育产业领域,从经济发展新常态视角开启了认识体育产业经济、运作体育产业经济的先河,发展健身休闲产业将为促进全民健身与全民健康深度融合发展注入新的现代性要素,成为促进全民健身与全民健康深度融合发展,推动健康中国建设发展的重要催化剂。在国家战略决策下我国健身休闲产业的发展已经出现了新的转折,表现在健身休闲产业消费不断扩大、健身休闲产业服务多元化趋势日益显现和健身休闲产业消费体系初步形成。在目前健身休闲产业发展资金短缺的情况下,推行 PPP 模式是破解健身休闲产业发展资金瓶颈的最好方法。推行健身休闲产业发展的 PPP 模式,湖南省政府、营利性企业和非营利性企业可以达到与预期单独行动相比更为有利的结果。在目前健身休闲产业发展的战略地位和转向意义尚未得到充分开掘与全面释放的情况下,采用 PPP 模式是推动健身休闲产业发展的最佳途径。

3.加强健身休闲产业优秀人才队伍建设

人才是发展健身休闲产业的根本所在,建设一支高素质的优秀人才队伍是实现健身休闲产业发展的重要保障。但在健身休闲产业发展中也暴露出一些突出的问题。诸如健身休闲产业优秀人才总量相对不足,各类健身休闲产业优秀人才发展不均衡,尤其是高层次创新型健身休闲产业优秀人才短缺,发展体制和机制仍需要不断调整和创新,优秀人才资源开发投入相对不足等问题已经成为健身休闲产业发展的主要瓶颈,特别是对服务老年人健身休闲产业发展的优秀专业人才更为缺乏。因此,优化健身休闲产业教育结构、加大对健身休闲产业职业技术教育资金投入的倾斜,建立多元化的优秀人才培养发展模式,使健身休闲产业优秀人才的培养从封闭式向开放式转变。通过构建高校、科研机构、企业等结合培养健身休闲产业优秀人才长效机制,逐步完善健身休闲产业优秀人才培养的保障体系,满足健身休闲产业发展各环节所需的多层次优秀人才的供给,加快促进健身休闲产业的可持续发展。

4.加强健身休闲设施建设

完善的健身休闲设施是促进健身休闲产业发展的重要基础。随着健身休闲消费从传统型消费向新型消费升级、从物质型消费向服务型消费升级、从生存型消费向发展型消费升级的转型,要使健身休闲产业快速发展,必须在原有健身休闲设施建设的基础上,盘活用好现有大、中、小学校、企事业单位和城乡社区内体育场馆资源,加强城乡社区特色健身休闲设施建设的资金投入,促进城乡社区特色健身休闲设施建设的发展。尤其是在加快新建城乡社区健身休闲设施建设发展速度的同时,逐步构建和完善城乡社区健身休闲基础设施网络服务体系,把握人民群众健身休闲基础建设的需求、尊重广大人民群众健身休闲设施建设供需的发展规律。尤其是对市民急需的小型健身休闲公园、健身休闲广场、健身步道和自行车骑行道等健身休闲场地设施建设要进一步加大政府的资金投入。以政府资金为引领,逐步拓宽市场和社会的多元化投资、融资渠道,增强健身休闲设施的服务功能和生态环境的优化,针对健身休闲设施的安装、使用和维修,制订出切实可行的计划,不断满足广大人民群众对健身休闲设施建设的需求,使健身休闲设施真正成为改善民生的"体育幸福工程",为促进体育强国和健康中国建设提供服务。

5.加快健身休闲与其他产业的深度融合发展

健身休闲产业作为关联性较强的产业类型,其发展的真正意义不是简单的强身健体,而是与其他产业的深度融合,形成互促共进发展的新格局。促进健身休闲产业与其他产业的深度融合发展,推动健身休闲产业成为"民生产业"和"幸福产业"是以维护和促进广大人民群众的身心健康为目标,以重视广大人民群众身心健康双重建设和双重进步为引领,以切实推动广大人民群众健康关口不断前移和增强广大人民群众的幸福感为创新路径。通过健身休闲产业与其他产业的深度融合,促进健身休闲产业市场机制日益完善,健身休闲产业消费需求愈加旺盛,健身休闲产业环境不断优化,健身休闲产业结构日趋合理,健身休闲产业产品和服务供给更加丰富,健身休闲产业服务质量和水平明显提高,成为助推体育服务业发展的"民生产业"和"幸福产业"。伴随着大众创业万众创新的深入推进,以健身休闲产业为平台,通过健身休闲产业与其他产业的深度融合,强化健身休闲产业供给要素升级,激励健身休闲产业经济增长基本动力,为大量劳动力创造出更多更为灵活、更富弹性的就业机会和提供新的就业岗位,逐渐成为人们喜爱的"民生产业"和"幸福产业",有利于提高我国健身休闲产业发展的国际化水平。

6.构建完善的健身休闲产业公共服务供给保障体系

构建完善的健身休闲公共服务供给保障体系在我国毕竟还是一个新生事物,更何况在地级市,所以在健身休闲公共服务供给保障体系的构建过程中仍存在一些迫切要求解决的问题。在当前和今后一段时间内,随着我国健身休闲产业与其他产业的深度融合发展,健身休闲消费市场竞争将日趋激烈,我国健身休闲消费要实现生存乃至可持续发展的目标,需要遵循健身休闲公共服务供给保障体系构建的客观规律,从树立系统的"以人为本、以健身为本"的消费理念,构建多层次、多主体的健身休闲公共服务供给保障体系,逐渐形成政府、市场和社会合作驱动力的健身休闲公共服务供给保障体系。通过政府购买服务等多种发展方式,积极推动大众健身休闲消费向纵深发展,在充分发挥政府主导作用的推动下,从构建健身休闲公共服务的决策、监督、评估与反馈驱动力机制等方面促进健身休闲公共服务供给保障体系构建的有序演化。

健身休闲产业公共服务供给保障体系是由政策激励、市场运作、宣传推广、公众参与、融资导向、管理创新和有效供给驱动力机制等多种相互作用的因素共同构成的。它是指以保障全体公民基本健身休闲活动权益、满足基本健身休闲活动需求为目的，以政府为主导，以公共财政为支撑，以公益性健身休闲企业、单位和组织等为骨干，向社会提供健身休闲公共设施、产品、服务的保障系统，是确保健身休闲产业公共服务体系如何提供、谁来供给和供给的数量与质量的保障系统。由此可见，构建完善的健身休闲产业公共服务供给保障体系不仅是构建完善的体育公共服务供给保障体系的重要组成部分，也是构建完善体育公共服务供给保障体系中的具体表现，构建完善的健身休闲产业公共服务供给保障体系，对促进健身休闲产业的发展具有重要的保障作用。

　　健身休闲产业是一个具有经济、社会和生态三重效益的新兴体育产业，它作为促进体育全面发展的重要动力，正以鲜明的市场导向将我国体育的发展推进经济领域。随着我国健身休闲产业国家政策的全面落实、城乡居民体育消费水平的不断提高及健身休闲活动需求投入将为健身休闲产业发展带来巨大动力。加快推动健身休闲产业的发展，不仅是推动体育产业发展促进全民健身和健康中国建设发展的需求，也是推动全民健身与全民健康深度融合发展，增强国民体质健康的需求。从目前的发展趋势来看，健身休闲产业政策是促进健身休闲产业发展的有效推动、健身休闲需求是促进健身休闲产业发展的动力、体育消费是促进健身休闲产业发展的驱动力，发展健身休闲产业首先要通过这些驱动因子激发健身休闲产业发展的潜力。当前我国健身休闲产业主要以政府政策为先导，并在市场需求、大众健身休闲需求和体育消费需求下催生了健身休闲产业发展广阔空间的逐步形成。尤其在社会经济、产业发展、地理位置和生态环境好的区域，健身休闲产业的发展已经日趋完善，为健身休闲产业走向国际化提供了更好的内生机制。在充分发挥国家战略决策为健身休闲产业发展提供有利环境的条件下，通过各种发展健身休闲产业创新政策的实施，同时在注重区域增长及理论的扩散效应和功能作用的带动下，以区域增长极为基础,按照健身休闲产业发展的区域条件,依据区域共生、分层递进、梯度发展的创新理念,打造生态化、绿色化、品牌化的优势健身休闲产业项目,以区域健身休闲产业的扩散效应和连带功能,加快促进我国健身休闲产业的整体稳定发展,将健身休闲产业培育成为"民生产业"和"幸福产业"。

二、民族传统体育文化的变迁、传承与发展

构建一个多元化的世界体育文化新体系是人类体育文化长远发展的重要基础。因而,在全球化浪潮中,保持自身体育文化所独有的民族性是每个民族的历史责任和义务。针对民族传统体育文化的变迁和传承进行了探讨,并提出中华民族传统体育文化的未来发展理念。

(一)民族传统体育文化的特性和变迁

1.民族体育文化传统的特性

民族体育文化传统是一个民族沿袭下来的具有悠久历史的体育文化特质和体育文化模式,其所具有的明确外在特征的体育文化特质和模式是构成人们体育生活不可缺少的要素,并且由于其沉淀在人们深层心理结构中的价值取向和心理倾向,是一种具有内在制约作用的强大力量,具有广泛的渗透性,几乎影响着人们所有的体育文化选择与体育活动准则。民族体育文化传统具有三个重要特性。

第一,具有巨大的惯性和社会裹挟力。由于民族体育文化传统具有久远的发展渊源和宽厚的社会存在基础,因此,绝大多数人总是用比较信赖的眼光看待民族体育文化传统。有时社会发展已经表现出对某种民族体育文化传统的否定,但它还会继续存在相当长一段时间,直到绝大多数人的认识和心理倾向发生根本性的转变。当社会中的大多数人都倾向某种民族体育文化传统时,人们对这种民族体育文化传统的趋从感就会在人与人之间的相互感染、相互对照、相互激励中迅速膨胀起来,从而使这种民族体育文化传统表现出强大的社会裹挟力。

第二,民族体育文化传统具有相对稳定性。民族体育文化传统之所以具有相对稳定性,一个重要的原因是从它刚出现就表现出了对生活在一定时期内和一定范围内的人具有特殊的价值。当然,随着时间的推移和社会的发展,人们的生产方式和生活方式总是在发生变化的,这使得一部分民族体育文化传统失去了它原有的价值,但只要它们不与现时的人类体育文化生活直接发生激烈冲突,依靠其巨大的惯性和人们在心理上对它的适应和依赖,就能比较稳定地保持相当长一段时间。例如赛龙舟,虽然历经两千多年且其形式内涵都发生了一定的变化,但其在中华民族人民的心中仍然占据着重要的地位。

第三,民族体育文化传统具有鲜明的独特性。一般来说,各民族都有保持民族体育文化传统独特性的强烈意识。因为有了它,对内可以增强民族凝聚力,对外可以显示民族体育的独立性。但民族体育文化传统独特性更重要的价值在于,它使世界体育文化丰富多彩。例如白族的跳伟登,彝族的跳牛、吉菠基仲,侗族的滚乱泥、打泥巴仗,回族的堆人山,蒙古族的踢牛嘎拉哈,等等,无不代表着各民族自身的体育文化传统。

2.民族传统体育文化的变迁

人类社会是一个不断运动和变化的过程,人类社会中的文化等也处在不断地运动变化之中,对这个变化的表述,理论界多用"变迁"一词。文化变迁是指一种文化因其内容的增量或减量所引起的文化结构、模式或风格的质的变化。一般来说,文化变迁的原因有两种:一是随着社会状况的改变,尤其是社会形态的改变,文化传统内部新旧因素在矛盾中不断分化整合,通过变异、淘汰、更新,由旧的平衡转化为新的平衡,从而导致文化传统的改变。这是内部促发的文化变迁。二是在外来文化的影响、冲击、碰撞下,通过对外来文化因素的吸纳、交汇,使原有的文化传统结构发生某种程度的改变,进而达到新的协调统一。这是外部引发的文化变迁。它的具体形式有三种:一是取代,即比较完整地吸收和接受某种新传统而摒弃原来的旧传统;二是融合,即通过不同文化传统的交汇、综合而形成的文化变迁；三是消化，即以原有的文化传统为基础，对其他文化传统或文化因素的精神实质进行改造和吸纳。从广义角度来看，这也是一种融合，但其特点在于不是融合了其他文化的具体内容，而是融合了其他文化的精神实质，使之以本民族文化传统的面目和形式出现，将其纳为原文化传统的有机成分。在 21 世纪的今天，各族人民的思维意识尤其是对待民族传统体育文化的价值意识已有了很大的改变，使民族传统体育逐步从主要文化存在而变为人们节日之余喜庆的生活点缀。从整个体育文化的发展趋势来看，民族传统体育文化变迁是趋于进步的。这在于民族传统体育在现代变迁中，能主动吸收外来体育文化的精华，并将其融入民族体育传统文化结构之中，成为我国文化建设的重要组成部分，并在经济建设中发挥着积极作用。而且，国家也采取积极措施促进民族传统体育的发展，以努力实现新体育文化要素与民族精神的融合。

（二）民族传统体育文化的传承

文化的积累和传递，是文化系统运行的基本形式之一，也是文化运行的一条基本规律。文化的发展和进步就是这二者的有机结合。不置可否，受到全球化浪潮影响的中华民族传统体育文化已产生了许多文化内部变革，各族人民的思维意识，尤其是对待民族传统体育文化的价值意识已有了很大的改变，也就是说民族传统体育文化已发生了现代变迁。但在体育领域，伴随奥林匹克运动全球化的过程，西方体育文化逐渐成为世界体育的主导，世界各民族的体育文化都在向西方体育文化看齐。抵制单一的文化扩张，加强各民族间的文化沟通，构建一个多元一体的世界体育文化新体系，是大多数国家利益之所在，也是人类体育文化长远发展的重要基础。在全球化浪潮中，每个民族对自己的文化都应承担着守护者的责任。因而，民族传统体育文化的传承也日益为国人所关注。

文化传承是指文化在一个人类共同体（如民族）的社会成员中做接力棒似的纵向交接的过程。这个过程因受生存环境和文化背景的制约而具有强制性和模式化要求，最终形成文化的传承机制，使人类文化在历史发展中具有稳定性、完整性、延续性等特征。换句话说，民族传统体育文化的传承是体育文化具有民族性的基本机制,也是体育文化维系民族体育价值观的内在动因。

民族传统体育文化传承,首先,民族体育文化的再生产。每一历史时期的文化成果,都同它以前的成功有着继承的关系。每一个社会的文化都有两个来源:既有对历史上文化成果的继承与保留,也有根据现实社会条件的创造与发展。受到全球化浪潮冲击的中华民族传统体育既然已经产生了现代变迁,那么它的传承也需要在保持民族性的基础上,对外来体育文化进行吸纳,必须把所积累的具有民族传统特色的体育知识、经验等转化为体育文化信息和符号,传给新生的社会成员,而这其实就是中华民族体育文化的再生产。其次,民族传统体育文化传承不是简单的体育文化元素传递,而是按照体育文化适应的规律和要求做有机的排列组合,最终为民族的体育文化选择与体育活动准则提供要素积累,并使这些要素整合为一个具有民族性的和谐有序的系统。而这绝不是单个人的自我行为,而是需要极强的群体性和整合性,需要全民族的共同努力。最后,民族传统体育文化传承是民族意识的深层次积累。民族体育文化是民族体育的重要特征,也是构成民族体育的核心要素;民族传统体育文化的传承则是民族体育价值意识共同体形成和发展的重要机制。只有通过民族传统体育文化的传承,才能实现这种维系民族体育价值意识共同体的精神文化的生产和再生产,民族传统体育文化的再生产才不会中断,才能使这些民族体育的核心要素有机地融入每一个成员的深层意识中,将民族传统体育文化作为一种稳定而持久的、自觉的民族认同感和内聚力。人类的体育文化是多元的,多元的体育文化具有民族性,而体育文化的民族性在于它的传承属性。在世界经济一体化进程的今天,我们应该更深刻地理解体育文化的多元性,认识本民族体育文化和传统,并捍卫中华传统体育文化的民族性。

(三)民族传统体育文化的发展

文化的现代变迁是大势所趋、历史必然。在世界现代体育一体化趋势加速明显的今天,现代体育对各民族的传统体育冲击已是一个不争的事实,民族传统体育文化已不是一种单一的文化,而是各种文化交融构成的复合体,因其存在环境的变迁也必然会产生其文化本体的变迁。在竞技运动日盛一日的今天,人们对传统体育的前途和命运无不表示关注。在全球化浪潮中,每个民族对自己的文化都承担着守护者责任。努力推进我国民族传统体育文化实现现代化转型,使之成为繁荣新时代健身娱乐文化,增强民族认同感的有效手段,并在国内广泛开展的基础上,积极将部分发展成熟的项目推向世界,参与构建多元一体的世界体育文化新体系,是全球化条件下中华民族的历史责任。要使体育不仅成为少数竞技天才和多数观众的世界,而且成为更多的身体力行者投入锻炼体魄的广阔天地,就应该允许区域性的民族传统体育活动的开展,使传统体育与国际性的体育活动相结合,妥善地继承和发展人类宝贵的文化财富;促使民族传统体育实现与时代相适应的现代化转型,在吸收自身精华和借鉴现代体育优秀成果的基础上进行新一轮整合创新,使之既得到不断更新与发展,又不失传统的民族特色,跟上时代的步伐,发展成新时代体育文化的重要内容,这样才能为现代体育的发展道路寻求到最佳途径。既然以西方体育文化为主导的现代体育文化并不是世界体育文化发展的唯一模式,那么面向未来就成为民族传统体育文化现代化发展的价值取向。面向未来,就是要以民族传统体育文化的现在为基点,对自身精华和现代体育文化优秀成果进行创造性吸收与借鉴,特别是要立足于时代视野对二者的不足进行自觉的反思与批判,把握前进的方向,着眼于未来的发展,将已经取得的成果作为进一步发展的台阶,构建一种超越现代体育文化的新型体育文化体系。

首先,要加强民族传统体育基础理论的研究,不只是从单纯的体育视角或兼顾其民族性进行论证,而应跳出体育视角,从世界性的角度以发展的眼光来研究民族传统体育理论。

其次,民族传统体育文化要适应现代变迁并求得发展,就应在保持民族特色的基础上,积极借鉴现代体育文化的优秀成果,在技术方法层面运用现代体育科学理论与方法进行理性判断与创造,在制度方面借鉴现代体育文化成功的组织制度迅速发展壮大,在价值层面借鉴现代体育奋发与竞争的精神价值,这是民族传统体育文化实现现代化转型的核心与关键。

再次,在大力提倡全民健身的今天,我国的民族传统体育具有现代体育所不具有的天然优势,开发进入群众体育领域的传统体育项目应是目前发展中华民族传统体育文化的一个重点。但是,民族传统体育文化现代化的目标远不止于此,在全球化的时代,我们要充分利用全球化背景下各民族文化有了更广泛的发展空间和发展机遇的条件,在推进民族传统体育进入全民健身的基础上,将其中具有鲜明竞技特征的项目进行改造与推广,借鉴现代竞技体育的组织制度和以奋发与竞争为核心的精神价值,实现功能的根本转变,与现代体育接轨,走向国际体育竞技舞台,成为世界人民的共同财富,构成民族传统体育文化的现代化形态。

最后,将民族传统体育文化融入学校体育中,使中华民族传统体育更具时代性。中华民族传统体育文化要发展,学校是重要的实践基地,是关键之所在。在大、中、小学校中开展中华民族传统体育活动,不仅可以继承和发扬传统体育文化资源,而且可以增进民族团结,树立民族自信心与自豪感,加强民族凝聚力,有利于营造良好的民族体育文化氛围。

(四)民族传统体育文化的现代变迁

民族体育文化传统是一个民族沿袭下来的具有悠久历史的体育文化特质和体育文化模式,其所具有的体育文化特质和模式是构成人们体育生活不可缺少的要素,并且其沉淀在人们深层心理结构中的价值取向和心理倾向,是一种具有内在制约作用的强大力量,具有广泛的渗透性,几乎影响着人们所有的体育文化选择与体育活动准则。民族体育文化传统具有鲜明的独特性。民族体育文化传统的独特性的重要价值在于,它保证了世界体育文化的丰富多彩。一般来说,各民族都有保持民族体育文化传统独特性的强烈自我意识。因为有了它,对内可以增强民族凝聚力,对外可以显示民族体育的独立性。

民族体育文化传统所具有的明确外在特征的体育文化特质和模式是

构成人们体育生活不可缺少的要素,其所具有的内在制约作用的强大力量和广泛的渗透性,也几乎影响着人们所有的体育文化选择与体育活动准则。但是,人类社会是一个不断运动和变化的过程,人类社会中的文化等因子也处在不断地运动变化之中,处在这一运动变化之中的民族传统体育文化也不可否认地产生着文化内部变革,现在展现在我们眼前的也只是变迁后的而非原始的民族传统体育文化。中华民族传统体育文化是中国各民族历代产生并流传至今的利用各种身体练习来提高人的精神潜力的范畴、规律、制度和物质设施的总和。其内容丰富多彩,世代相传,经久不衰。在世界范围内,进化是民族传统体育文化的纵向发展,传播是民族传统体育文化的横向发展,二者结合推动民族传统体育文化的进步,这是体育文化发展的一个基本规律。在外来竞技体育项目的影响下,中华民族传统体育项目因文化存在环境的变化而大量消亡,但部分民族传统体育项目,如武术、摔跤、举重、赛龙舟、舞龙(舞狮)、漂滩(漂流)则不仅没有消亡,反而以其独特强大的生命力引起了世界人民的关注,成为多国人民共同喜爱的体育运动项目。在 21 世纪的今天,商品经济风起云涌,电视、广播等信息娱乐工具广泛普及,交通、通信工具逐步发达,各少数民族的生产与生活环境已大为改善,人们的物质生活水平、精神文化生活水平大为提高,作为中华民族传统体育文化主体的中华各族人民的思维意识,尤其是对待民族传统体育文化的价值意识已有了很大的改变,逐步从主要文化存在演变为人们节日之余喜庆之余的生活点缀。从整个体育文化的发展趋势来看,民族传统体育文化变迁是趋于进步的,这在于:它是对人的进步的充分肯定,对人的精神的进一步解放;它是体育文化系统整体的协调发展,保持体育物质制度和精神文化的协调发展;它追求一种创造性的整体转换,在对旧的落后体育文化扬弃的基础上实现整体转换;它是体育文化多元性与趋同性的高度统一,力求促成体育文化运作的高效率。

(五)民族传统体育文化的现代变迁对少数民族大学生价值意识重构的影响

人的文化意识包括价值心理与价值观念,都是从有意义的文化现象世界获得的,而人对外部生物物理世界(自然界)的价值思维和判断也是通过有意义的文化现象世界作为中介进行的,然后它才能成为人意识到的存在,或成为意识到的思想、情感、意识。作为人的意识,特别是文化意识,则主要是由有意义的文化现象世界构建起来的,是人的心理、生理机制与文化世界交互作用的产物。当代科学技术的突飞猛进正在形成一种世界文化,造成人类共同的文明,发展出人类的共同价值意识,少数民族大学生不能置身于这种文化、文明和价值意识之外,而必须适应世界历史潮流,开放文化价值体系。我们回望整个民族传统体育文化发展的历史,可以看到民族传统体育文化的现代变迁所表现出的少数民族大学生的价值意识重构是符合社会发展规律的,代表了人类文明的进化发展潮流。少数民族大学生价值意识重构是具有重大意义的思维认识革命。在现代文化变迁中它必然能够包容、整合其他文化而在未来的发展中构造出新的体系,用新的价值体系建构起新的思想、新的观念、新的品质、新的人格,以崭新的精神风貌和豁达的气度出现在世人面前。

我们知道,人的思想、感情、性格和行为等特征不是先天赋予的,而是在一定的社会环境中培养出来的。如果对文化从最广泛的含义上来理解,这种社会环境其实就是一种文化环境。因此,人的社会化作为一个规范人的后天行为的过程,实际上就是指人们按照一定的社会文化的要求而成为社会人的过程。文化在其中扮演着一个举足轻重的角色。在现代社会转型期,我们可以追寻到民族传统体育文化的现代变迁对少数民族大学生价值意识重构的积极影响。

(1)借鉴西方体育先进的思维方式、科学理论、训练和竞赛体制,对中国传统武术进行改造而自成一体的中国竞技武术,已"走出国门,走向世界"。作为对传统武术的现代化转型,竞技武术已成为中国武术全球化的先导和窗口,使世界各国人民领略中华民族传统体育的魅力。这也将促进少数民族大学生乃至国人强国信心的树立,更好地促进少数民族地区经济文化的建设。

(2)发展具有娱乐观赏性的项目是中华民族传统体育发展的必由之路,而这对少数民族大学生审美价值意识的重构将起到积极的作用。

（3）民族传统体育文化中的舞龙、舞狮、摆手舞、放风筝、龙舟竞渡、刀梯绝技、攀岩、漂流、武术等因其强烈的民族风格与地方特色和较强的参与性与观赏性，已成为各民族景区中不可多得的宝贵资源，成为旅游产业的有机组成部分。民族传统体育文化与旅游文化的联姻发展，无疑可以促进少数民族大学生价值意识的重构，认识到突破原来自给自足的小农经济的发展，与市场经济接轨，并利用文化产业化发展来赚取利润的文化经济发展的新思路。

（4）从各少数民族人民相互交融并与外来先进文化交流，接受其他民族的传统体育文化和竞技体育文化，我们可以看到少数民族大学生文化思维和体育价值意识的重构。

（5）从民族传统体育文化项目的部分消亡，看到少数民族大学生放弃因循守旧、抱残守缺的落后文化意识而进行交流学习、开拓创新的文化价值意识重构。

三、大众体育民生化建设的发展模式及趋势研究

（一）各模式的概念、人群特征、发展状况及未来趋势分析

随着人们思想观念的转变、健身意识的增强，体育人口和体育消费呈现层次化，各种全民健身锻炼模式应运而生，这些模式随时代逐渐发展，在当下又形成多元共存，成为保障公民体育权益的重要途径。

1. 社区体育模式

社区体育是继单位体育之后的一种新模式。从实践和国家政策法规上看，社区体育模式正日益被确定为大众体育的主要形式。

2. 俱乐部体育模式

随着人们经济水平的提高，健康意识的转变——"花钱买健康"，促进了俱乐部体育的发展，俱乐部模式已经成为我国大众体育的一个重要发展模式。

现阶段俱乐部根据发展阶段分为：第一阶段：健身房阶段。当时健身场所的名称为健身房，经营的内容以男性器械肌肉练习、女性在领操员的

带领下跳有氧健身操为主,其特征主要表现为:经营手段单一、投资规模小、专业性强、参与人少。第二阶段:有氧健身阶段。随着国外有氧运动的兴起,我国有氧健身也得到快速发展,俱乐部经营规模开始扩大,会员制逐步成为主要发展途径。第三阶段:时尚健身阶段。进入 21 世纪,健身俱乐部开始迅速发展起来,俱乐部的经营管理水平有了大幅度提高,俱乐部从单一的营销型转向营销管理型,营销方式由时尚型趋向专业型。伴随发展理念的转变,市场快速扩大,根据经营性质其发展类型有:经营性以休闲为主目标的俱乐部,如高尔夫球俱乐部、保龄球俱乐部、台球俱乐部等。这种俱乐部由于是经营性的,基本上是按照企业方式运作,按市场法则运转。第二类是非经营性的体育健身俱乐部。这类俱乐部主要是面向大众,收取费用低。经费主要来自会费、企业赞助和体育、教育、文化等部门的拨款或优惠政策。第三类经营性以培养运动员为目标的高档专业俱乐部体育,该俱乐部管理规范、严格,场地设施齐全、服务优质全面,当前正处于加速发展期,且呈现了可喜的发展局面。

3.娱乐休闲体育模式

随着我国全民健身运动的蓬勃发展,娱乐休闲体育作为一种新的锻炼方式正逐步被人们所接受。所谓休闲娱乐体育,是指人们在余暇时间进行的以求轻松愉快的情感体验为目标,从而在心理上得到满足、身体上得到一定活动的身心锻炼形式。这种活动具有强烈的娱乐色彩。

(二)各模式要素的优劣比较

大众体育发展模式主要包含活动时间、活动内容、活动形式、组织体系、运行机制、经费来源六大要素。对上述经典模式中要素进行分析,对比其各自的优劣,以便今后更好地参考开展。

社区体育模式主要是政府引导,街道办事处或居委会组织,人们自发参与的,利用早上 8 点以前及晚上空闲的时间,利用非正规场地,以公园、街道居委会场地和街头巷尾等自由场地,以小团体的形式,进行太极拳(剑)、健美操、交谊舞等便于集体活动的、非竞技的传统项目。由于人员居住集中,便于人员的集中和活动的经常化。但由于运行机制中缺乏经费保障,再加上人们的参与是一种完全的自愿自由状态,没有形成有一定规章的组织,导致控制力低,所以活动规模难以保持,活动水平难以提升。不过该种锻炼模式在当前较适应人们的作息时间,因此是一种正在扩张兴起的发展模式,对推进大众体育发展起到了生力军作用。

俱乐部体育模式的优势主要表现为"管理规范、场地设施齐全、服务专业化、个性化"。劣势表现为俱乐部体育费用比较高、实际参与的人数还十分有限、参与面也比较狭窄。俱乐部锻炼模式由于满足了个性化需求,满足了不同群体的需求,因此,其生命力是旺盛的,也将是我国大众体育专业化发展的主要方向。

娱乐休闲体育模式是随着国民经济的发展而发展的。其优势主要体现为政府有力引导,电视台等传媒机构精心策划,通过电视等多媒体宣传,赢得了较好的收视率,深受群众喜欢。由于活动的内容以娱乐型、休闲型为主,项目参与中又体现了低门槛,所以大众从生理、心理上都希望参与其中。虽然这种锻炼模式大多属于一次性活动,但该种锻炼模式具有典型的体验效果,通过体验,刺激参与者产生锻炼意识和习惯,对推进大众体育锻炼意识有着推波助澜的作用。该模式的弱点主要是成本高、组织策划难度大。

四、角色理论视域下高校体育生活化研究

终身体育观摒弃了以往仅关注学生校园阶段身体、心理与社会适应能力全面发展的做法,而是注重学生终身体育能力和意识的培养,要求学生养成体育锻炼的习惯,在培养学生自觉自发参与体育活动的意识与能力方面打破了学校与社会的时空界限,有助于促使其能够在离开学校、步入社会后继续通过体育锻炼保持身心健康。高校体育急需寻求学生体质健康等问题的解决途径,以此来摆脱现实困境。与此同时,近年来学界对体育生活化转向的讨论、对体育教育回归生活的呼吁则为高校体育问题的解决提供了新思路,高校体育生活化的概念逐渐进入人们视野。

高校体育生活化的提法并非无的放矢,无论是教育还是体育均源于生活,并终将归于生活、融入生活,成为人们社会生活不可分割的重要组

成。美国教育家杜威提出的"教育即生活"及我国人民教育家陶行知先生的"生活即教育""让体育走进学生生活、回归自然,实施学校体育生活化教育"等观点均表明作为教育的高校体育与日常生活之间的密切关系。而当前的高校体育教育在一定程度上脱离了现实生活,并由此生成了诸多实践矛盾造成功能缺位,生活化无疑是高校体育"生活属性"的本质回归,能够为青少年体质及功能缺位问题的解决提供新思路,对高校体育良好践行终身体育理念具有积极促进作用。

(一)高校体育生活化的内涵解析

高校体育生活化的思想源起于 20 世纪 90 年代以来学界对体育生活化的讨论。自 1991 年我国体育学者韩丹界定体育生活化的概念开始,体育生活化命题就逐渐引起学界关注,并派生出针对学校体育、老年体育与社区体育等不同领域、不同人群的体育的生活化研究。随着我国经济水平的提升与群众体育事业的发展,人们的闲暇时间增多,通过体育娱乐锻炼的意识增强,体育活动成为人们日常生活中不可或缺的重要组成,体育的生活化趋势日渐显现并由过去理论层面的概念转变为现实社会中的生活现象。然而,学界对体育生活化概念与本质的界定却始终没有达成共识,诸多学者纷纷提出不同观点。如有些观点认为体育生活化是体育习惯与行为的养成,有些则认为体育生活化是生活方式或者过程与结果等。不过不同观点之间虽稍有差异,但其内涵是明确的,均体现出了体育与人们日常社会生活的关系,强调体育成为人们日常社会生活的重要组成部分,成为社会个体自身的一种无须强迫、自由自觉的行为方式和生活习惯。

作为教育的高校体育的生活化同样观照体育与生活之间的关系,但是由于教育的特殊性,高校体育生活化还有着自身的独特内涵。首先,教育活动本质是育人的活动,其最终目的是人的发展,因此,高校体育生活化的根本任务是人的体育生活化。高校体育通过自身生活化的体育教学目标、教学内容与手段等促使体育活动融入个体的日常生活,以满足个体生活中的体育需求,将体育活动内化为学生自觉自愿的生活方式,成为其课堂学习生活、校园日常生活和社会生活的自觉行为习惯,从而达到培养学生终身体育能力、增强体质、增进健康的目的。其次，高校体育生活化根本任务的实现是从被动向主动、从强迫向自觉的转化过程，这是由教育的强制性决定的。现代教育具有本质上的强制性，并且深刻在教育实践行动中，强制性客观上是教育的一种本质性规定。尽管当前的教育理念强调以学生为主体、以学生发展为中心，突出学生的主体地位与主观能动性，但作为教育的本质属性之一，强制性根植于高等教育在内的各学段教育内容与体系之中。教育的强制性规定了体育活动转化为学生自觉自愿的行为方式的强制性。学生先是被动接受生活化的高校体育的改造，通过生活化的高校体育课程、教学内容与手段等潜移默化地实现体育的生活融入。体育活动与学生日常校园、社会生活相融合，成为必不可少、自觉自愿的行为方式。而学生的体育活动的生活化并不仅限于校园阶段，还将贯穿学生个体的整个社会生活，化为其生活的重要组成部分，这无疑更有利于高校体育践行培养学生终身体育能力的功能。

综上所述，可知高校体育生活化是以将体育活动内化为学生课堂学习生活、校园日常生活和社会生活中自觉自愿的行为方式和习惯，满足个体生活中的体育需求为根本任务，从而达到促进学生身心全面发展、培养学生终身体育能力的目的，将高校体育教学目标、内容、手段等与学生日常校园、社会生活等相融合的过程或状态。高校体育生活化既是目的也是手段，既是过程也是结果，其从教育层面而言，是学校体育生活属性的本质回归，以培养个体社会生活中自觉自愿的体育行为习惯和满足个体生活中的体育需求为根本任务，最终目的是促进个体身心的全面可持续发展。

（二）生活化对解决高校体育功能弱化问题的意义

高校体育的生活化与终身体育之间有着必然联系，是未来高校体育改革发展的一种趋势，对高校体育摆脱功能弱化的现实困境有着重要作用。生活化的高校体育旨在通过生活化体育教育将体育活动内化为学生日常生活中自觉自愿的行为方式，成为日常生活不可分割的一部分，让学生无论是在学校内还是社会上都能够自发参与体育锻炼活动，达到增强体质、增进健康的目的，这与终身体育的理念不谋而合。相对于虚无缥缈的终身体育理念,高校体育生活化更贴近生活实际,可以说是终身体育思想指向教育实践工作的具象化映照与延伸,对体育教学工作而言更具可操作性,有助于发挥高校体育培养学生终身体育能力的功能,对解决高校体育存在的背离终身体育理念问题有着重要作用。高校体育生活化能够在一定程度上改善大学生的不良生活习惯,增加其参与体育锻炼的时间,对解决学生体质健康水平下降问题,摆脱学校体育"失责论""无用论"也具有一定促进作用。因此,生活化的实现有利于高校体育摆脱功能弱化甚至缺位的现实困境,能够更好促进学生身心发展,对学校体育与群众体育的良好衔接,以及高校体育自身发展的完善具有重要现实意义。

(三)高校体育的角色定位与角色期望

角色理论在社会学与社会心理学界应用颇为广泛,有着重要的社会规范意义和方法论意义。"角色"一词原本意指演员在舞台所扮演人物的专业代称,而随着其在社会学、社会心理学等相关学科领域的运用,"角色"一词被赋予了更多学术性、理论性内涵。不同研究领域对"角色"的定义虽各有侧重,但均是对社会存在和社会关系的反映,即个体在社会关系中处于特定社会地位,并符合社会要求的一套个体行为模式。作为一种独特的社会客观存在,高校体育可被视为诸多社会结构、社会关系中的一部分,在教育领域、社会领域、学校体育、社会体育等领域体系内扮演着不同的角色,有着不同的社会地位和职能,遵循着自身的行为运转模式,而不同领域体系对高校体育所扮演角色的期望也有所差异。高校体育生活化是一种状态向另一状态转换的过程,想要实现这一转换,使高校体育达成生活化的状态,必然要先了解高校体育的角色定位,厘清其在不同体系所扮演的角色,以及不同体系对该角色的期望与要求,即解决高校体育"是什么""做什么"的问题。如此才能追本溯源,直指现象的本质,并且在确保高校体育能够遵循自身行为模式,以及满足不同体系对其角色的期望的前提下,探寻实现高校体育生活化的可行路径,同时避免生活化过程中高校体育的异化现象及其他矛盾的产生。

首先,高校体育在教育体系中的角色定位与角色期望。高校体育既是学校体育的最后一环,又是高等教育的重要组成,还是教育体系的重要组成部分。一方面,高校体育是学校体育"小学—中学—大学"三级体系的最高级别与最后一环,也是学校体育与社会体育相衔接的关键纽带,在学校体育中扮演着重要角色;另一方面,高校体育是高等教育不可或缺的重要组成,高等教育所培养的高级专门人才走向社会后,将成为国家建设、社会发展的中坚力量,成为新时代社会观念、潮流的推动者与引导者,在社会各行各业扮演重要角色,其体质健康状况的好坏直接影响劳动创造力的发挥,影响国民整体素质的发展。此外,高校学生的体育意识与良好的体育锻炼行为等对引导社会形成良好的体育价值观、营造全民健身氛围等有着积极的促进作用。因此,可以说高校体育是高等学校实现培养人才、引导社会、创造知识等职能的基础,与高等教育其他组成部分相互协调、相互促进,共同发挥着引导社会、培养人才的使命与职能。高校体育的独特角色定位使得教育体系对其的角色期望虽仍然以促进学生身心全面发展为最终目的,以增强学生体质、增进学生健康为根本目标与要求,遵循着学校体育的基本行为模式和教育体系对学校体育的基本要求。但高校体育在教育内容层面相比中小学体育而言却更为多样化、复杂化、高级化,在总的发展性层面更侧重学生终身体育能力的培养,以及体育意识的养成、运动兴趣爱好的激发与保持,以便于学生步入社会后能够继续积极进行体育锻炼,从而将学校体育与社会体育有机连接,促进社会体育的繁荣发展,最终实现我国体育整体事业各个组成部分的协同发展,加速从体育大国向体育强国迈进的步伐。

其次,高校体育在体育体系中的角色定位与角色期望。在体育体系中,高校体育作为学校体育的重要组成部分而存在,但其与大众体育之间又有着特殊的联系。高校毕业生在走向社会后具备应有的参与体育锻炼的意识与能力是高校体育的重要职责,而高校学生的体育意识与体育行为对社会体育意识的提升、社会体育氛围的营造,以及体育人口的保持与增加起着重要作用。近年来,"全民健身计划"的深入推进及各种相关政策法规的出台使得体育运动的普及化程度稳步提高,体育锻炼日渐成为人们日常生活的重要行为方式,我国大众体育事业正处于稳步发展阶段。在此种背景下,我国体育事业的发展对高校体育提出了新的要求和期望,即高校体育要在增强学生体质、增进学生健康的基础上着重培养学生终身体育能力和意识，更新体育教育观念和体育价值观，加强思想观念教育，激发学生运动兴趣与爱好，同时还应强调学生运动技能水平的提高，使其不仅具备自身进行体育锻炼的能力，还能够带动周边人群参加体育活动、进行体育锻炼，从而增加全民健身的氛围，扩大体育人口的数量与质量。

无论是在教育体系中，还是在体育体系中，高校体育都是社会大范畴下的社会结构，是社会大舞台的角色之一，与社会政治经济制度、文化观念息息相关，受社会发展规律的制约。而教育事业和体育事业的发展对高校体育提出的角色期望或要求，总体而言，可以归纳为身心全面发展、终身体育能力、体育观念教育、运动技能四个关键词，可以说既是高校体育为满足不同角色期望所应表现出的行为模式，更是社会发展的必然要求。因此，高校体育角色期望的实现要统筹兼顾又有所侧重，其起始点是学生个体发展，落脚点是全社会的国民体育素质，最终角色定位是国民体育个性特征和体育能力的培养和提高。

（四）角色理论视域下高校体育生活化的转型策略

高校体育的生活化既是我国社会经济文化、体育整体事业繁荣发展大背景下的趋势和潮流，也是学生个体发展与国民整体体育素质提升的诉求。生活化的高校体育并非一蹴而就的，而是循序渐进、缓慢过渡。需要符合高校体育的角色定位，遵循高校体育在教育、体育和社会体系中的行为模式，满足教育、体育和社会体系对高校体育的角色期望。因此，高校体育生活化的实现要以自身角色定位和角色期望为基础，明确高校体育的基本发展规律和在教育、体育体系中扮演的角色，以及与各组成之间的联系，从身心全面发展、终身体育能力、体育观念教育和运动技能四个方面入手，将体育内化为学生个体日常生活的一部分，并最终促进学生体育素质的提升。

1. 坚持以学生身心全面发展为根本

作为教育体系的重要组成，高校体育的教育属性决定了其必然要以育人为目的,以学生身心全面发展为根本,以增强学生体质、增进学生健康为基本任务。高校体育的生活化必须将学生身心全面发展作为基础,增进学生身心健康,不然可能会导致高校体育的异化问题,出现高校体育背离教育本质属性的现象。因此,高校体育不能为了生活化而放弃原有的任务和功能,将能够提高学生体质健康水平的教学手段和内容弃之不用,转而一味地强调生活化的内容和手段。当然,高校体育在生活化过程中强调学生身心发展的同时要转变教育理念,普及"教育即生活""生活即教育"的理念,教育工作者应加强自身专业素质的提高,更新知识结构和教学技能,将生活化的元素融入教学中去,将教学内容和手段与日常生活相联系,如此才能学以致用,否则会出现学生学会了运动技能但却不知道怎么用的情况。例如有的体育教师在上羽毛球课时只是教授一些基本技术和动作,然后进行反复练习,甚少有比赛规则、实战演练之类的教学,即使有也只是简单地一语带过,这就造成学生虽然掌握一定的技术动作,但是却缺乏实战经验,甚至连基本比赛规则都一知半解,如何能够运用到日常生活中去。总之,高校体育的生活化仍然要以学生身心发展为基础,在增强学生体质、增进学生健康的基础上改变教育理念,更新教学内容与手段,将生活化元素与高校体育相连接,使学生能够学以致用,将体育活动真正融入日常生活中去。

2.重点培养学生的终身体育能力

终身体育观是我国学校体育理论体系的重要思想之一,对学生终身体育能力的培养始终是我国学校体育的基本任务。在体育体系中,高校体育与大众体育之间同样有着特殊的联系,高校体育培养学生终身体育能力功能的实现对大众体育的繁荣发展有着重要作用。高校体育在生活化过程中应通过生活化的途径和手段增强学生终身体育意识,侧重培养学生终身体育能力,如建立可行的课外锻炼制度鼓励学生在课余生活中积极参加体育锻炼,让学生通过锻炼制度将体育活动从被动转化为主动的生活方式,目前许多高校都通过这种途径激励学生进行课外锻炼,并且取得了良好的效果。除此之外,在教学中应侧重通过生活化教育手段教会学生如何进行体育锻炼,积极开展户外素质拓展,传授运用各种环境和器械进行锻炼的方式和思维,而不只是单纯地教授技能和组织学生进行身体练习,避免学生只知其然而不知其所以然。

3.提高学生运动技能水平,加强体育观念教育

想要转变人们的行为方式,使人们自觉参与体育锻炼,首先要转变的是观念。体育观念教育是将体育锻炼的重要性及其与健康的关系等通过多种途径传授给学生的教育,它不同于即刻受益的技能教育或是体能教育,转而更为注重深层次的变化,从思想层面转变人们对体育活动的价值观念,由被动变主动地在日常生活和学习中自觉自愿参与体育活动。体育观念教育有助于将体育活动转变为学生日常生活中自觉自愿的生活方式,促进高校体育生活化的进程,同时也是大众体育发展对高校体育提出的要求。高校体育生活化过程中加强体育的观念教育可以通过课堂教学、日常宣传、专题教育等途径向学生和教师传播"体育即生活"等观念,如教师在传授知识技能的同时将经常进行体育活动的重要性及其与健康的关系融入教学内容和教学手段中,开展相关讲座活动、体育文化节、体育活动日等将家庭等各种生活与体育活动联系起来,通过宣传家庭生活中体育锻炼的作用和家庭体育的方式鼓励学生在家庭中与亲人进行体育锻炼等。此外,高校体育的生活化要提高学生的运动技能水平,而不能一味在教学中强调快乐体育,如此不利于学生终身体育能力的培养。运动技能水平的提高有助于学生更加有信心参与体育活动,能够提高学生的参与动机和积极性,使其在日常生活中更愿意进行体育锻炼,并且当学生的运动技能水平达到一定程度时还能够带动身边人群进行体育锻炼,通过学生自身途径传播体育的价值和作用。教育工作者在传授运动技能与知识时不能脱离生活实际,需要将二者结合起来,多进行日常生活的应用性练习,而非机械的重复练习。

总而言之,高校体育的生活化需要各方协同合作,在遵循高校体育自身角色行为模式、满足高校体育角色期望的基础上进行转型。高校体育的生活化不能是自下而上的,而应该是上下齐心协力,下从学生自身、教育工作者的转变,上从教育相关部门、高等学校的政策和资源的支持等都是高校体育生活化能否顺利进行的重要保障。

随着体育事业的繁荣发展,生活化在高校体育乃至整个社会范畴的发展趋势已日渐明显。如何在确保高校体育遵循自身角色行为模式的前提下加速生活化进程,通过生活化的教学内容和手段促进学生身心全面发展是当前高校体育生活化发展过程中的主要矛盾,也是摆脱高校体育功能弱化、学生体质问题等困境的重要突破口。因此,教育相关部门及学界应将更多的目光投入高校体育生活化等相关理论研究与实践领域,积极探索实现高校体育生活化的原则、理念、思想理论,以及具体可行路径等,不断丰富高校体育生活化相关研究的理论基础与实践经验,从而加速高校体育的生活化进程,促进体育事业发展,最终实现学生体育素质的整体提升。

五、体育文化与生态旅游融合视域下高校体育文化建设路径研究

文化作为意识形态的一个重要组成部分,承载着"传道、授业、解惑"的历史重任。校园体育文化是一种特殊的文化形态,担负着建设新文化的重要使命。

(一)"家庭、学校、社区"体育的一体化模式推进学校体育文化建设

为了促进经济社会的协调发展,全面推进素质教育,发展终身体育,解决青少年体质下降的问题,我国学者提出了"家庭、学校、社区"体育的一体化,以充分利用家庭、学校和社区的体育资源,有助于更好地发挥每一种体育形态的优势,从而形成"体育合力"。而随着阳光体育运动的全面实施,"家庭、学校、社区"体育一体化逐渐成为促进阳光体育运动和全民健身活动开展的重要举措和长效机制。

大学生群体既是学校体育教育最后阶段的受教育者,也是未来社会建设的中坚力量,还是下一代人才的家长,是家庭体育、学校体育、社区体育三者衔接的关键角色,其体育素养高低对自身的全面发展、国家的持续有效发展和下一代人才的培养具有重要作用。基于此,应该从"家庭、学

校、社区"体育一体化角度切入，将研究对象聚集于大学生群体，运用角色理论对大学生在社会化和终身体育进程中的不同阶段所扮演的角色及角色期望进行深入分析，从而对他们进行准确的角色定位，并提出相应的培养策略，为发挥"家庭、学校、社区"体育一体化的作用，实现大学体育、家庭体育及社区体育的无缝对接提供新的思路和参考。

1."家庭、学校、社区"体育一体化背景下的大学生角色分析与定位

角色理论认为，社会类似于戏剧舞台，每个人基于特定的社会关系和社会地位，在社会中扮演着不同的角色，如一个个体可能同时扮演教师、母亲和儿女三个角色。所谓角色扮演，是指个体根据自己所处的特定位置，并按照角色期望和规范要求所进行的一系列角色行为。在"家庭、学校、社区"体育一体化促进青少年体质健康发展和全民健身活动开展的过程中，有各种各样的角色发挥着作用，如家长、学校校长、班主任、社区体育管理者、社区体育指导者、政府决策人员、学生自身等，且某个个体可能同时担任以上的多个角色。

从"家庭、学校、社区"体育一体化的衔接与融合来看，从个体的生命进程、社会化进程和终身体育进程来看，大学生群体所扮演的角色具有其特殊性。

首先，大学生是学校体育的教育对象和实践主体。在学校体育教育的最后阶段，大学生是学校体育的教育对象和学校体育参与的主体，其体育意识水平、体育行为、体育生活方式和体质健康水平等对学校体育工作的顺利开展和自身的全面发展非常重要。与中小学阶段相比，大学生的自我意识逐渐增强，在体育运动中的角色实践也由被动向主动转化，个体的主观努力程度对其体育运动实践行为的影响比重较大。当大学生在校外范围内自主进行体育锻炼时，其成为社区体育的参与角色，其体育意识与体育行为也能对周围产生一定影响。

其次，大学生是未来社会建设的中坚力量和社区体育的主要参与者。经过大学四年的学习，毕业后大学生将走向社会，在社会各行各业扮演重

要角色,成为国家建设的中坚力量和社区体育中的普通一员,其体育意识与体育行为对社会体育意识的提升、社会体育氛围的营造,以及体育人口的保持与增长起着重要作用。

最后,大学生是未来的家长。当大学生毕业走向社会后还将建立家庭并生育孩子,扮演父亲或母亲的角色,履行繁衍教育后代的职责,成为家庭体育的主导者与主要实施者,以及中小学阶段学校体育的配合者,其身体素质、心理素质、社会适应、体育意识与体育行为等将会对子女的体质健康水平、体育意识和体育习惯养成等产生至关重要的影响。

可以说,大学生群体是"家庭、学校、社区"体育一体化衔接的关键之一,他们正在扮演或即将扮演家庭体育、学校体育和社区体育中的各类主要角色,将他们定位于"家庭、学校、社区"体育一体化不同场域中的角色并给予有针对性的培养,将大幅有助于"家庭、学校、社区"体育一体化促进青少年体质健康发展和全民健身活动开展作用的发挥。

2."家庭、学校、社区"体育一体化对不同体育场域主要角色的期望

所谓角色期望,是指一个人扮演角色的行为符合于社会、组织、团体、他人的期待与要求。为了更有效地发挥"家庭、学校、社区"体育一体化的作用,在对大学生群体进行了准确的角色定位后,还须明确相关的角色期望。

(1)家庭体育场域中的主要角色及角色期望

家长是家庭体育教育的主导者与主要实施者,其体育价值观和运动技能专长对子女兴趣爱好和体育习惯的启蒙与培养、家庭体育氛围的形成,以及传统体育文化的继承,都具有十分重要的意义,而且家长的体育活动可直接影响到孩子的家庭体育活动行为和活动量,可以说,家庭体育作用发挥的关键在于家长。而大学生作为未来的家长,应符合怎样的角色期望才能有效地发挥在家庭体育中的组织与指导作用呢?

一方面,家长必须能帮助孩子制订健康计划,应具备一定的体育锻炼指导能力,能经常带领和督促孩子参加体育活动并咨询孩子在学校的表现情况,最重要的在于父母与子女共同参与体育活动行为的落实和时间

的保证;另一方面,从孩子成长的特点看,在家庭体育场域,家长需要掌握的技巧及实施的侧重点应有所不同。

0～3岁婴幼儿的动作发展主要分为大肌肉动作和精细动作,其中,大肌肉动作主要指爬、坐、走、跑、跳、弯腰等使用大肌肉的动作技能;精细动作主要指用手指物、捡、捏、搭积木、串串珠、写、画等使用小肌肉的动作技能。很多亲子类的体育活动能较好地发展0～3岁婴幼儿的大肌肉动作与精细动作。爬、坐、走的技能训练需要在家长的引导、保护与帮助下进行;走、跑、跳等技能则可通过上下楼梯、家长辅助下走直线或低矮的宽平衡木、踢球、扔球、跳低矮障碍物及与家长同伴进行追逐跑等体育游戏得到较好的发展。精细动作技能可通过抓取玩具、捡东西、转移小物体和堆东西等形式得到锻炼,而有了家长的陪伴与参与,进行小小的竞赛将会大幅提升婴幼儿的兴趣,从而促进他们精细动作的发展。

对于3～6岁的儿童,应利用走平衡木、踢毽子、跳竹竿、滚铁环、跳绳、拍球、跑跳、钻爬、攀登、投掷等多种体育活动发展他们的身体平衡和协调能力;通过丰富多样的走、跑、跳等身体活动和自己上下楼梯等日常活动发展他们的力量和耐力。

进入6～12岁的儿童后期,孩子还需要家长陪伴进行一些简便易行的体育活动,如慢跑、打羽毛球、打乒乓球、踢足球、打篮球等。在具备社区体育健身器材的区域,家长最好还能了解一些简易的全民健身路径和健身器械的使用知识与技能,以便能与孩子一起进行体育锻炼。除此以外,家长还应支持孩子参与学校和社区的各类体育活动,督促孩子完成体育作业并经常向学校询问孩子的身体状况与体育锻炼情况。

总而言之,作为家长,要很好地发挥"家庭、学校、社区"体育一体化的作用,需要家长具有较强的体育意识,具备一定的体育锻炼指导能力和保护与帮助能力,掌握一些简便易行的运动技能(走、跑、跳、羽毛球、乒乓球、篮球、足球和全民健身路径),最重要的是家长自身能积极参与体育锻炼并保证与孩子一起进行体育活动的时间。

(2)学校体育场域中的主要角色及角色期望

学校体育一切工作的展开意在促进学生体质健康的全面发展提高和终身体育意识与习惯的形成。在中小学阶段,学生的自我意识尚未成熟,角色实践较被动,其体育意识和体育行为受学校、教师、家长、社会的教育等环境影响较大,他们主要在体育教师和班主任的带领下进行学校体育活动。在学校体育中扮演重要角色的教师、班主任及学校管理人员等多由大学毕业生构成。

首先,体育教师是学校体育工作开展的最坚实的力量,对其最基本的要求应是能胜任学校的体育教学工作。具体表现在:在具备较高的运动技能水平基础上,能通过合理的教学内容安排与组织激发学生的体育学习兴趣,发展学生的运动技能;能很好地贯彻学校的体育活动计划,按照活动方案的要求认真组织实施;在一系列学生体育活动中,教师应做到个人参加或团队参加,以发挥教师的主导作用;此外,体育教师还应让学生掌握相应的运动知识和运动规律,故其自身就应具备较多较新的运动知识储备并能利用各种手段和途径向学生传播。

其次,班主任需要全面负责学生的思想、学习、健康和生活,是学校、其他任课教师和学生之间的信息传达者与沟通协调者,还是大课间活动的主要组织者与参与者,他们掌握相关体育技能、知识结构后通过主题班会和课外活动对学生进行干预,能显著提升学生的体育与健康知识、信念、行为和身体素质。因此,班主任最好能掌握基础的体育保健常识和常见运动损伤的处理方法,能支持并督促学生加强体育锻炼,完成各项体育锻炼任务,具有丰富的健身经验并积极参与各类体育活动,以身作则,发挥教师的榜样作用。

学校管理人员应辅助体育教师和班主任,共同完成学校体育的各项任务。校长和分管学校体育工作人员的体育意识和对体育工作的支持程度、校医的健身知识与经验等也对学校体育工作的顺利开展和学校体育教育作用的发挥有着不可或缺的作用。

至大学阶段,学生进入成年时期,其自我意识逐渐成熟,基本掌握了走、跑、跳等基本的动作技能,具备一定的体育意识,通过学校体育教育掌握了1~2门运动技能,并具有一定的自控能力和安排生活的能力,他们对自己的体育行为有较大的支配权。因此,大学生逐步成为学校体育活动的主要实践者,其体育实践的自主性成分更多。

（3）社区体育场域中的主要角色及角色期望

在社区体育场域中,主要依靠社区体育的组织者与管理者开展各类社区体育活动,依靠社会体育指导员对社区居民进行健身指导,需要社区居民具有一定的体育锻炼自主性。作为大学生,毕业后他们会走向社会、走上工作岗位,可能会扮演社区体育组织者与管理者的角色,也可能会扮演社会体育指导员的角色,下班后则会成为社区居民中普通的一员。

社区体育组织者与管理者需要具备较强的体育意识和体育组织与协调能力,并能较为周全地考虑在体育运动过程中的安全问题。如北京东城区体育馆路街道办事处,"尝试以社区体育重建邻里联络,政府与社会组织、学校合作,为孩子在课余时间参加体育活动创造条件,并以孩子为纽带,让一个个家庭联系起来",锻炼身体的同时促进了社区成员和孩子与家长之间的交流,充分发挥了社区体育的作用。

可以说,对普通的社区居民而言,最好具备较强的体育健身意识、掌握一定的体育技能并能自主利用各种体育场所进行健身。

3."家庭、学校、社区"体育一体化对大学生的角色期望

通过对大学生在"家庭、学校、社区"体育一体化视角下的角色分析与定位,以及对不同体育场域下对大学生正在扮演或即将扮演的角色期望分析,可以归纳出这些主要角色期望的共同点,主要表现为:具备较强的体育意识、掌握一定的运动技能并能经常参与体育锻炼、有一定的锻炼指导能力等,其与体育素养的要求类似,只是在不同体育场域中的具体表现形式和要求有所不同而已。根据陈琦提出的学生体育素养的评价指标,结合"家庭、学校、社区"体育一体化对不同体育场域下对大学生正在扮演或即将扮演的角色期望,可以较清楚地勾勒出作为"家庭、学校、社区"体育一体衔接的关键角色之一的大学生群体的角色期望。

4. 基于"家庭、学校、社区"体育一体化的大学生角色培养策略

（1）分级拓展运动技能教学内容,实现一体化的衔接

基于"家庭、学校、社区"体育一体化对大学生的角色定位与角色期

望,为了实现学校体育与家庭体育和社区体育的衔接,可以拓展运动技能教学内容,并对群众基础较好、社会范围内开展广泛、场地设施相对普及的运动项目有所侧重。

在内容选择和安排上,可尝试对运动技能采取分级制度,即将基本运动技能(走、跑、跳、投、支撑、悬垂、攀登、爬越等)和作为日常基本锻炼形式之一的健身走(跑)设置为大学生必须掌握的基本技能,同时必须介绍相关的锻炼注意事项及运用范围;在我国开展较为普及的篮球、足球、羽毛球和乒乓球等运动项目纳入大学生必学的内容范畴,作为大学生熟练掌握的运动技能,其技术难度不再大,教学时数亦可弹性调整,重在能自主灵活运用于日常的体育锻炼中;而其他运动项目,如健美操、有氧健身操、体育舞蹈、街舞、广场舞、网球、游泳、武术等则作为选项内容供大学生自由选择学习;增加对传统和民间体育活动,如跳绳、踢毽子、打陀螺和滚铁环的介绍与练习,这些项目相对较少受到场地的限制,趣味性与健身性较强。随着我国城镇化的不断推进,全民健身路径这类户外(室外)健身器材不断普及,基本成为各类广场、公园、住宅小区必需的配套设施,其对使用者的要求门槛较低,因此,还应考虑向大学生群体增加全民健身路径使用方法及锻炼注意事项的教学内容,以帮助大学生学会利用这类户外(室外)健身器材自主进行体育锻炼,扩大他们的运动技能储备。

(2)创设多元体育情境,培养大学生体育自主实践能力

在高校体育教学中,还应创设多元的运动情境,将各类运动技能教学内容穿插其中,使大学生群体在角色扮演的过程中不仅能掌握运动技能,还能掌握各类运动技能运用的场景与锻炼的注意事项,提高他们的体育自主实践能力,以及锻炼指导能力。如在体育课堂教学中,可创设家庭体育的情境,由同学分别扮演家长和孩子的角色,扮演孩子角色的同学须事先了解不同年龄段孩子对体育活动的需求和体育活动特点并通过身体练习进行表现;扮演家长角色的同学则除须了解孩子的体育需求与活动特点外,重点进行体育锻炼指导和保护帮助能力的实践活动,游戏完毕后进行角色互换。教师则作为情境设计者和答疑者对角色扮演和身体练习中

出现的知识点进行解析,帮助学生掌握教学内容,培养他们的体育自主实践能力。

(3)打造多级健身交流展示平台,引导大学生养成自觉体育锻炼的习惯

"家庭、学校、社区"体育一体化对大学生角色期望的重要一环是要求他们在不同体育场域下均能自主或与他人一起进行有规律的体育锻炼。须根据大学生群体喜欢尝试新生事物、追求时尚、渴望结交朋友和表现自己的特点,打造多级健身交流的展示平台,包括学生体育竞赛平台,主要通过班级、院系级别的体育竞赛、体育课堂课外教学竞赛、学生体育社团成员交流赛和高水平运动队成果展示等形式,使大学生在活动过程中灵活运用所掌握的各种运动技能和相关裁判知识、展示自己的风采、促进校内和校际同学之间的沟通交流;健身指导咨询平台,主要通过体育教师和学生体育骨干的现场指导、网络指导,以及健身同伴之间的相互指导与督促,掌握健身常识、提高健身指导能力,加深对健康理念的理解;健身信息交流平台,主要通过校园论坛、QQ 群线上线下活动和学生体育社团的定期活动,加速健身信息的推广宣传,为志同道合的大学生健身者提供更多、更广泛、更便利的约友健身信息与机会。

依托上述的多级健身交流展示平台,开展丰富多样的体育活动,以营造良好的体育氛围。在参与体育活动的过程中引导大学生感受运动的乐趣和成功的感觉,逐渐形成较稳定、较积极的体育意识,逐步养成体育锻炼的习惯和健康的生活方式,为他们今后走向社会和教育后代打下坚实的体育基础,也为"家庭、学校、社区"体育一体化作用的发挥提供人力资源。

人的全面发展是教育的最终归宿,须培养学生德、智、体、美、劳全方面发展。大学所承载的历史使命,是为社会培养体格健康、心智健全、人格完善的人才。学科歧视,不但违背了党的教育方针,也不利于人才培养工作。高校教育的目的不应追求短期的效益,而应长远规划。

十年树木,百年树人。高校应树立正确的办学理念,遵循"以人为本"

的教育方针,兼顾学校内外平衡原则,努力缩小重点学科与体育学科的资源配置上的失衡现象,优化资源配置方案,提高体育学科应有的尊严;明确各部门的权力与责任,使各部门清楚自身的责任,合理分配各项体育运行资金,加大对学生课外体育参与的资金投入;建立科学的管理机制,对资源配置进行必要的评估、监管,为确保有限经费发挥最大效益。

学校体育作为教育的重要组成部分,在人类体育文化传播中发挥着重要作用,它的重要性不言而喻。

第四章　体育与文化融合发展

第一节　体育文化概述

体育文化是人类文化的一个重要分支,也是人类创造并积累起来的伟大财富。体育文化内容的丰富性彰显出了体育文化的多样内涵。

一、体育文化的内涵

(一)文化概念

一般来说,文化的概念可以从广义和狭义两个层面进行理解。

1.广义文化

广义文化是指人类对社会和自然界产生作用的所有成果的总和,包括所有的精神财富和物质财富。因为其主要侧重人类社会同自然界之间的本质区别,涉及范围非常宽广,又被称为"大文化"。

2.狭义文化

狭义文化指从意识形态方面所创造出来的精神财富,包括信仰、宗教、道德情操、风俗习惯、文学艺术、学术思想、科学技术、各种制度等。

狭义文化将人类活动中有关物质创造活动及其结果的那一部分排除掉,专注于精神创造活动及其结果,又被称为"小文化"。

(二)体育文化的界定[①]

所谓体育文化,就是指所有同人类体育运动相关的物质文化、制度文

---

① 陆作生.体育新论[M].广州:中山大学出版社,2023.

化和精神文化的总和。

体育文化的内容包含很多方面，主要有体育情感、体育认识、体育理想、体育价值、体育制度、体育道德和体育物质条件等。

体育的技术方法应归属体育认识的范畴，它是人类认识过程的一个比较特殊的形式。

体育文化的意义主要包括四个方面：第一，要以一种文化现象视角看待和研究体育运动；第二，通过研究体育活动的文化背景，来对体育运动与文化的关系进行考察；第三，在人类文化中确定体育的地位，并对体育运动的文化意义进行考察；第四，研究如何塑造有着独立形态价值的体育文化。

体育作为一种文化，主要归为四个方面的原因：第一，体育运动是对人类思维方式的表达和传递，而非简单的动物本能的肢体活动和嬉戏。体育的产生具有文化意义。第二，在体育运动中，文化所具有的各种特质都得以很好地表现出来。体育既包含了走、跑、跳、投等外在的身体活动形式，也具有内在的意识形态、价值观念、行为规范等心理层面的内容，以及心物结合的中间层次的内容。第三，通过人自身的身体活动，体育可以对人的社会属性和自然属性进行改变。体育既是一种物质文化体系，同时也是社会上层建筑的一部分。第四，体育运动在其整个发展历程中，呈现出文化的民族性、时代性、世界性、继承性、阶级性等特点。

二、体育物质文化内涵

（一）体育物质文化的概念

所谓体育物质文化，是指人们以体育作为目的或在体育中的活动方式和物质形态。

（二）体育物质文化的分类

体育物质文化可以分为体育器材和场地设施、体育活动方式，以及各种思想物化品。

1. 体育器材和场地设施

人类在历史发展的整个过程中，依靠自身的力量进行创造，以使自身需要得到满足，这也是人类最为基本的一项活动。

对于体育方面的需要，相对于人类其他方面的需要来说，它是一种将精神作为内核的需要，所以出现得相对较晚一些。但未能够使自身发展需要得到满足，人们进行创造的欲望并没有减少。从体育活动的特点来看，体育物质文化更加具有象征性。通过建设各种主要的物质设施，来使人们自身体育运动的需要得到满足，如田径场、足球场、雪橇、体育馆、游泳镜、网球拍等，这些既成了人类诸多物质用具和设施中最为闪耀的部分，同时也将更多新的高科技元素加入其中。

随着人类需求的丰富和升华，使精神这一高层次方面的需求得到满足的创造动力变得愈发强大，这必然会推动体育物质用具和设施得到更好的发展。

2. 体育活动方式

在人类发展中，运动是灵魂。通过采用各种运动方式，人们能够对自身进行改造和完善。使人类基本生活需求得到满足的活动方式主要有耕田、纺织、插秧、锄草、锻造、印染等各种农业和工业的劳动动作。

对身心健康的追求是体育活动方式的主要目的。这不但没有与人类的劳动方式相脱离，同时也更好地补充了人类劳动方式。

随着人类文明的进步，体育活动方式也逐渐成了使人们各种精神需要得到满足的具有强大生命力的一种活动方式。通过跑步对紧张的工作进行调整，通过参与篮球和网球运动促使体质增强，通过观看足球比赛更好地放松身心和宣泄情绪等，这些都属于体育活动方式。

3. 为促进体育发展而创造且形成物质的各种思想物化品

对各种物质的思想物化品进行创造是体育物质文化中最高层次的部分。体育物质文化中由人们的体育意识和观念直接形成的物质产物也归属于体育物质文化的范畴，它比那些直接充当体育活动方式载体的体育用具和体育设施(如裁判法、体育歌曲和录音带、体育法规制度、体育比赛录像带等)要高级。

从总体上来说,体育物质文化是指在体育文化诸现象中实际存在的、有形有色、能够被直接感知的事物。

体育物质文化既包括各种体育用品、体育场地和体育器材,同时也包括具有深刻思想内涵的物质。当然,它与体育制度文化和精神文化的区别主要体现在形态的物质性、功能的基础性、表现的浅显性三个方面。体育物质文化指内涵和功能具有物质性的活动,如体育电影片。实质上,体育物质文化是体育精神的投影,其中沉淀了人们的精神、欲望、智慧等,体育物质文化实际上是体育精神的物化:一切由于体育的目的和需要而作用的物质对象及人类生活方式都可以视为体育物质文化。体育文化是对体育水平的直接反映,也在一定程度上间接地反映了社会生产力的发展水平。

(三)体育物质文化的特性

1.基础性

体育物质文化是体育精神文化和体育制度文化的基础。例如如果没有足球和足球场作为物质基础,那么足球精神和足球协会也就很难存在。

2.易显性

由于体育物质文化与社会发展的活跃因素使生产力关系直接处于体育文化的最表层,体育文化的发展变化往往首先从体育物质文化上体现出来。

3.物质性

体育物质文化是指在现实中存在的、可以触知的、具有物质实体的体育文化事物。在创造这些事物的过程中,创造者的主体意识凝结其中,但其内容是物质的,并不是精神的。体育物质文化一定是对自然客体所做的现实改造,也就是说它天然就是物质的,如体育书籍、乒乓球桌等都是体育物质文化,其中也蕴含了体育精神,但它们终究是物质的并不是精神的。

三、体育制度文化内涵

（一）体育制度文化的概念

体育制度文化是指人们通过体育运动对自身进行改造和完善的活动方式及其制度的产物。在体育运动中，它是指对人们的各种社会关系进行调控和规范的组织机构和规章制度的总称。

（二）体育制度文化的分类

体育制度文化可以分为以下三部分：

1. 体育运动中的组织形式

在社会中，人们的地位和角色，除了由人的能力差异决定之外，还由活动的组织形式所需要的各种不同角色所决定。

在体育运动中，也有很多不同角色的划分，如裁判、教练、队长、队员等，以及单败淘汰制、单循环制、交叉淘汰制等赛制，这些属于体育制度文化中最基本的内容。

当然，在体育运动中，在区分角色方面也是有一定原则的，如在运动队中，队长主要是由技艺高超或具有较强号召力的运动员来担任。根据参赛队伍的多少，比赛制度可能会有所调整和变化，但在大多数情况下，比赛的赛制都是严肃的、固定的。

2. 各种组织机构

组织机构能够使人类群体的力量得到合理和高效的发挥，它是人类社会逐步发展的产物。人类无论是个体活动还是集体活动都是无法摆脱组织机构作用的。作为一种人类改造自身、促进社会进步的文化产物，组织机构已经成了各种社会组织和它自身的各种组织机构重要的、不可缺少的一部分。

世界体育组织、大洲体育组织、国家体育组织、运动竞赛组织、学校体育组织、民众健身娱乐组织等构成了体育制度文化的重要组成部分。在成立各种体育机构时，只有同社会背景相符合并对体育活动发展组织化进行关注,才能促使体育运动真正向着合乎体育文化规律性的方向发展。

3.体育活动的原则和制度

在人类的组织制度文化体系中,组织机构的原则、制度对组织的性质、活动方式和发展方向起着决定性作用,是制度文化中与精神文化关系最为直接、层次最高的一部分。

具体来说,体育制度文化是指在体育文化活动中人们自身构成的文化,它是一种稳定的、动态的文化成果,主要包括体育社会制度、组织、政治和法律形式、群体风尚、体育伦理道德、民族语言、风俗习惯和民族教育等方面的内容。

体育制度文化来源于对体育活动实践和体育精神领域的思考,在体育制度文化体系中,它是作用最为突出的组成部分,是架构体育一般规范与体育机构的桥梁。

不健全的体育制度会对体育机构的建立和完善产生影响,不完善的体育产业制度也会对体育经营管理活动的顺利开展形成制约。只有进行不断地更新、改革和完善,才能对体育的发展状况进行改善。

(三)体育制度文化的特性

对于体育制度文化的特性,可以体现为以下四个方面:

1.连续性

在体育制度文化中,一些非常重要的内容并不会随着时代的变迁而被废除,而是得到了相应的继承发展。

2.时代性

从体育制度文化的各个层次来说,政权机构和社会制度起着制约作用,并会随着时代变化和政权更替而变化。因此,体育制度文化表现出了最为明显的时代特征。

3.内化性

通过人们的认知,一些体育制度文化不断地内化深入,成为个人的意识,形成了一种不需要依靠任何外部情况刺激的自觉行为。

4.俗成性

在体育长期的历史发展中,体育制度文化中的文化内容经过人们的约定俗成而得以产生,并不是依靠政权的规定,很多少数民族的体育风俗都具有这种特性。

四、体育精神文化内涵

(一)体育精神文化的概念

体育精神文化是指围绕和依靠体育,人们对客观世界进行改造的活动方式及全部产物。

(二)体育精神文化的分类

体育精神文化可以分为以下四个部分:

1.精神世界的物质内涵和行为准则

同一般文化相比,体育精神文化的不同之处就在于它将物质文化与精神文化、制度文化紧密相连,比如体育谚语、体育服饰、运动训练、体育选材等都属于这一层次的体育精神文化。它归属于行为文化的范畴,同体育制度文化和体育物质文化的区别也非常微妙。

对于一件运动服装来说,我们从体育物质文化的层次,对它的质地、型号、颜色等进行品鉴;从体育精神文化的层次,注意其展示的体育民族个性、审美情趣等因素。

在开展体育运动训练时,要注意体育物质文化,如身体运动的场面表现;要注意体育制度文化,如教学传授的方式与人际关系;要注意体育精神文化,如指导思想和训练原则。

从一个角度和层面,是很难将体育的物质、制度、精神文化区分清楚的,三者是紧密相连、密不可分的。

2.思想观念和理论体系

体育作为一项以改造人的身心为目的进而促进身心全面发展的活动,人们需要在多个方面和不同的层次上对其做出科学的阐释。

体育学科是在体育活动的理论背景下得以产生的,如体育经济学、体育史学等。这些体育学科和一些体育领域的研究都是以书面的方式展现的。体育学科专著的出版是这些体育学科发展的重要标志。

3.通过抽象的声音、色彩等表现体育精神的艺术文化

人类把握世界,既需要有物质和精神的单一形式,同时还要对精神物化的产物进行把握。这些文化形式除了具有实实在在的物质表面外,还蕴含了人类的意志、情感和灵魂。这一类方式是以文艺为杰出典范的。

体育活动具有直观、激烈、宏大等特点,这些特点使得它成为文艺表现的对象,如体育诗歌、小说、漫画、相声、小品、歌曲、体育邮票等体育文艺都归属于体育精神文化的范畴。例如对于一幅漫画来说,我们从它体育精神文化的角度来对其所呈现的体育情感和思想进行探究。体育精神文化这一层面属于艺术文化的一部分。

4.通过体育改造人的主观世界的想法和打算

体育精神文化是指体育活动中依附的科学、心理、道德规范、科学、哲学、审美观念、文学艺术等思想意识形态的总称。

所有能够在体育文化中得以传承的道德规范、社会心理、哲学、科学、审美评价、文学艺术等思想意识形态领域的反映,都属于体育精神文化,其中也包含了不同民族、不同地区的传统心态。

从体育精神文化来说,竞技体育文化价值是其重要的内容,是在弘扬主体精神、竞争观念、民主意识、科学态度等人类基本价值观念中体现出来的。例如运动员的进取、拼搏、科学求实、团结奋进、争创一流等精神都是体育精神文化的精华之所在。

(三)体育精神文化的特性

体育精神文化的特性表现为以下三个方面:

1.沟通性

体育精神文化能够通过语言交流、笔录书写、阅读赏析等进行保存和传承,其目的就是加强沟通,形成精神对话。其形式虽然是物化的产品,

但它是对体育主体精神和意念进行传递的媒介物。这也是体育精神文化的沟通特性的主要体现。

2.积累性

同体育物质文化和体育制度文化相比,体育精神文化更加具有抗同化能力和凝固能力,它既具有积极的方面,同时也具有消极的方面。积极的方面是对优秀体育精神文化的传承,对体育文化的进步起到了推进作用;消极的方面是保留落后的体育精神文化,对体育文化的发展造成阻碍。

3.内视性

体育主体精神的内视领域是由体育的思维、感知、审美情趣、价值观念等因素共同构成的,这些因素在其中充当着体育精神内容的实体。

第二节 高校体育教学与体育文化的融合发展

一、体育教学与体育文化融合发展的路径

(一)营造高校体育教学的良好氛围

校园体育文化是体育教学取得长足发展的养分来源。校园体育文化的丰富和乐趣性有助于体育活动成为学生欢迎的文化活动,同时还能够促进学生潜能的发挥、能力的发展和文化素养的提升,并且还承载着推动学生从"自然人"向"社会人"转变的重要任务。高校的体育文化生活为学生精神世界的构造和丰富提供了广阔的舞台。拥有浓厚体育文化的校园,是充满活力的校园,是具有优良文化底蕴的校园。公平、团结、自强、自信、健康向上的体育精神在体育文化中得以滋养和传播,它能够以其特有的魅力对学生的课堂生活和课余生活起到潜移默化的影响。体育文化是校园文化中参与人数最多、辐射范围最广、持续时间最长、对人的影响

极其深远的文化活动。无论是高校师生还是教学本身,都能受到体育文化环境的影响,通过从文化环境中吸取养分,潜移默化,接受熏陶,可以实现不断地追求卓越[①]。

校园体育文化以无声无息、无踪无影的方式影响师生的心理,进而影响体育教学的方式和效果。它是潜移默化、耳濡目染的,是具有暗示性和渗透性的。一方面,它以教师教、学生学的课堂教育形式,为学生学习体育知识、技术和技能提供了良好的浓厚的外部氛围。通过切实可感的体育运动、严密有效的体育规则、规范的体育动作和结合生命科学产生的体育指导,使参与者感受到体育运动给身体带来的无限变化,从而从内心深处接受校园体育文化的引导和熏陶,并逐渐内化为自身的潜意识的言行。另一方面,校园内的体育文化通过课余的体育活动优化学生的知识结构,促进学生身心健康发展。由于体育文化自身的特点往往能够营造一种亲密无间、彼此信任的心理气氛,达到一种以集体荣誉为共同目标的价值取向,形成共同的道德标准和团队的统一信念,在体育文化的氛围和为共同目标努力奋斗的激励效应下,教师和学生会自觉地产生集体荣誉感,并形成强烈的责任感和使命感,任何人都会为了达成目标贡献一己之力。同时,在体育教学过程中,由于集体的力量、公正平等的精神能够产生激励和进取向上的教育力量,师生在达成体育教学目标的同时,能够感受和发扬人文精神,并且在追求真知的道路上勇敢探索。

(二)培养高校体育教学中学生的主体意识

当今时代要求高校培养出全方位发展的、富有自主精神的、具有创造力的人才,高等教育要在培养学生的自主意识方面做出更大的努力。主体主要是指对象性活动的承担者和发起人,而客体是对象性活动的受动者和接收人。学生的主体意识是指,在教育活动中,学生应该在教师的引导下完成任务和发挥作用,具体表现为自主性、能动性和创造性。学生的

---

① 苏海永.新时期校园体育文化体系的建设与发展研究[M].北京:北京燕山出版社,2023.

主体意识的发挥是教育的核心,是素质教育的基本要求。高校大学生在教学活动中的自主性表现在两个方面:其一,表现在应该具有独立的、不轻易受他人影响的、坚定的自我意识,并且通过教师的启发和引导,能够自主探索提升自身能力的途径;其二,大学生在接受教育的过程中,应该充分认识到自身的能力,对学习活动进行自我调节和控制,充分发挥自身潜力和主观能动性。

然而,学校体育教育的中心目的仍然是增强学生体质,促进学生身心健康发展。只靠体育教育的时间来达到这些目标是不可能实现的。因此,我们必须依靠校园体育文化的传播和熏陶来提高学生的认知水平,增强学生进行体育锻炼的意识和进行自主学习的能力,最终让学生养成终身体育意识的良好习惯。

体育文化建设的过程本身包含着许多激发学生的体育兴趣、培养学生参与体育锻炼的自觉性的活动。体育文化建设常常采用竞赛的方式,鼓励学生主动参与。体育竞赛作为体育教学中常用的教学方式,是强化和增强学生主体性的体育意识最具活力、参与范围极广且广受学生欢迎的方式,它能快速有效激发学生群体的上进心、竞争意识和集体荣誉感,让学生发挥自我能动性进而赢得比赛,还能培养学生的集体主义思想观念。再者,体育文化建设鼓励多样化、丰富化的体育教学活动,这也能极大促进学生主体性的发挥。此外,体育文化建设鼓励体育教学以多种方式、新颖的手段开展,从而挖掘学生的运动潜力。体育文化建设促进着教师在教学中采取各种措施以满足学生独特的、根据自身特质产生的合理要求,增强学生进行体育锻炼的兴趣,充分发挥他们的主体地位。

（三）充实高校体育教学的内容和形式

高校的体育文化建设需要丰富多彩、类型多样的体育活动作为支撑,如运动会、体育节、社团建设等,弥补了其他教学模式和传统的体育教学模式中单一、枯燥的不足。这些新颖多样的校园体育文化活动,缓解了学生紧张的学习压力,丰富了学生的校园生活,为学生的校园生活充当了增色剂。在全面建设体育文化的背景下,体育教学任务的开展要求各高校以体育专业内涵发展为主线,结合社会对人才培养的需求,构建综合性的知识结构和合理化的课程体系。新时代的体育教学课程提出了许多的高要求,如通过创新教学方法、鼓励教师从事相关教学研究工作,使学生的探索意识、创新意识和能力在多元化的教学方式中得以激发和挖掘。另外,教学的组织模式也可以综合创新,如小群体教学法、互动式教学法及合作教学模式等的发展及结合。在理论性的体育教学活动中采用统一的上课方式加上多媒体教学,给学生以生动、直观的印象。在体育技能课中穿插理论教学,在实际过程中切实运用到理论知识。体育文化的有效建设要求体育教育的内容和形式具有良好的口碑和传播效应。要满足广泛传播性,体育教育将教学地点从校内延伸到校外,将人才培养与学科专业特色发展相结合、将统一的要求与个性发展相结合,能够探索出宽口径的创新型人才培养模式,实现人才培养的个性强化,同时又能够有效适应社会。高校体育教学的形式增多,必然引起学生的兴趣,提高学生的参与程度,激发学生的创造力。现代社会文化事业繁荣发展,不少学生都会在课外选择到健身房、舞蹈室或是其他类型的体育运动工作室参加体育锻炼,因为课外的体育活动往往更具趣味性和多样性。这说明在体育文化繁荣发展的今天,高校的体育教学的形式也应该更加贴近学生的实际需求,更加反映学生的多样化的需求,如此才能不被课外的具有商业性质的体育活动所取代。因此,高校不仅出于文化建设的主体性地位,更出于被动面临竞争的紧迫性,为了提高参与的广泛性、增强体育教学的效果,应该努力建设更多的诸如体育俱乐部、体育社团、体育文化节等具有活力的体育文化形式。

（四）促进高校体育教学文化理念的更新

先进的文化理念是推动经济发展和社会进步的重要因素之一。在大力发展体育文化的宗旨下,体育教学内容应该将理论与技术相结合,基础理论和运动技术齐头并进才能使运动技术的提升有科学的指导,而基础理论的发展有应用之处,强调学生综合能力的培养,凸显学生人文知识素养和创新意识的重要性。新时代下的体育教学观应该以人文知识教育为主要内容,增加体育技术的历史发展沿革、人文精神内涵的相关知识;培养学生正确运用各种运动的基础理论知识进行创新,创造性地使用锻炼身体、增强体质的手段与方法。

二、高校体育文化现代化的发展策略探讨

(一)高校体育教学中体育物质文化建设改进路径

高校的物质文化建设是整个校园体育文化建设的基础。随着高校办学规模的扩大及新时代背景下高校体育教学的多元化需求,校园体育的功能和作用也开始多元化发展,这必然要求高校的体育馆、体育设施、体育器材适应体育文化的多功能需求。但是这些现代设施的功能的开发和利用的层次不断提高,给管理、使用、维护和开发带来了新的问题,因此,加强体育设施的管理、利用和维护,使其能更大程度地发挥这些硬件设施的功效是高校体育教学的物质文化建设的必由之路。

1. 加强体育设施在体育教学过程中的教育导向和文化传播功能

在体育教学过程中,在使用物质设施之前,体育教师应该对所运用到的设施、器材进行系统化讲解,帮助学生培养系统化的体育思维,而非仅仅专注于运动训练。通过强化对物质设施的关注和学习,学生可以感受到学校、教学和教师对于体育事业的热爱和认真的态度,能够将精神性的、心理上的体育意识和感悟物化到体育设施上。对具象化的体育设施的学习和关注,有助于进一步加深对体育文化的感悟,更好地通过物质设施传播体育文化和体育精神。高校在体育场馆旁边设立一些国际知名的体育雕塑,添加名人简介及所获荣誉,给学生创造一个浓厚的、高尚的体育氛围。

2. 强化设计体育人文景观,提升体育物质文化品位

随着高校招生人数的增加,教学所用的基础设施建设力度加大,教学

环境得到了很大的改善，但是在物质文化环境的构建中，除了所用设备、器材，还应该包括整体构建的人文景观。在校园内适当挖掘或增添一些体现学校体育文化特色的人文景观，以及能够代表一个学校独特的精神风貌和希望传递的价值观，形成具有学校特色的文化氛围，能够丰富高校的体育物质文化，达到对学生潜移默化的作用。每所高校的办学历史、办学理念、办学区域、办学方式不尽相同，传统的校园文化和时尚体育文化的影响程度也不同，具有特色的体育文化最直观的体现就是高校的体育场馆构建、布局，以及体育雕塑等综合起来的体育人文景观的建设。

3.创新体育教学中对空间和设备的利用

作为具有强烈象征意义的校园内的体育建筑、雕塑或是体育场馆，其本身的构建和展示形态就是一种文化现象，通过具象的形态成为体育意识和体育文化的实际载体，这些文化现象代表着人们想表达的思想和凝聚的智慧，体现着人们的价值观。这些文化要素对人们起着潜移默化的陶冶作用。因此，高校应该充分利用学校的空间，合理布局体育场地，因地制宜地开展体育文化活动。进行体育教学的体育场馆应该经过科学细致的安排和布置，整洁明亮。除了传统意义的体育场馆，还应该促进体育展览室、体育宣传橱窗，以及校园体育网等新兴空间的利用。

在信息化背景下，教师通过网络互动教学，可以更准确地了解国内外的体育教学的动态和情况，把各种体育声像及图文资料及时展示给学生。体育学科自身的发展决定了如今许多的更新内容需要数字化的动态演示教学，这是传统的教学模式无法完成的，这是网络教育在体育教育中的有力补充。再者，体育教师应该紧跟社会时势，并充分利用社会资源补充体育教学所需的设备。

（二）高校体育教学中体育精神文化建设改进路径

1.强化学生在体育教学和体育精神文化建设中的主体地位

体育教学主体和体育精神文化建设的主体实际上是分离的。只有将体育教学和精神文化建设的主体统一起来,才能够更加有效地促进二者的结合。

在体育教学过程中,可以通过各种各样的形式促进学生成为活动的主体。比如现代社区拥有多彩的体育活动,高校可通过加强与社区的联系,举办以学生为主体的、服务社区的体育活动。如将体育教学的课堂搬到社区去,由学生充当社区里的体育教师,对社区里的体育运动和比赛进行专业的指导和培训,让具有"一技之长"的学生可以在社区体育活动中充当教师的角色,这对学生培养并提高组织指导能力、更好地理解体育知识、提升自身的体育技术无疑是难得的机会。此外,教师可创造性地设计体育课程内容来发挥和强化学生在体育教学过程中的主体地位。例如以游戏的形式,让学生在一周之内准备好下一节课的内容,下一节课的课堂内容为分组开设健身房,让学生充当健身教练,以获得最多学员的健身房获胜。在此过程中,学生会在非体育课堂时间每人选择一个项目并进行设计和多次排练,努力在课堂有限的时间内表演或完成不同体育项目的技术动作,以吸引学员。教师通过对课堂内容进行创新设计,不仅能够发挥学生的主体作用,还能让学生能够在体育课程之外进行体育活动,让校园充满浓厚的体育氛围。

2.强化体育教学中对特色体育文化的建设

由于我国地域宽广,不同地区的人们往往具有不同的传统体育习俗和方式,形成不同的体育观念和兴趣爱好。因此,在体育教学过程中,教师除了遵循国家规定的要求,应该根据不同区域的学生的身体特质、习惯、兴趣爱好和体育物质文化进行特色化的精神文化建设。

此外,不同的高校应该根据不同的文化传统进行体育教学活动。学生的兴趣爱好和习惯多与该学校具有优势的项目或是体育文化背景有关,体育教学应该加强这些方面的培养。因为这些优势项目往往会吸引更多的学生,且加大对优势项目的投入能够将这些项目打造成学校的象征。这样不仅有利于培养学生的自豪感,还能够吸引更多的外部支持,比如政府的投资等。总之,高校应围绕体育文化背景进行体育教学活动的强化,突出传统体育文化的建设,弘扬地区的体育文化传统,增强学生参与到体育教学过程的积极性和投入度。

3.延伸体育教学为体育精神文化建设提供的平台

目前体育竞赛、体育知识讲座、体育文化节等活动已成为高校体育教学的重要形式。我国许多高校已实现了体育教学形式的丰富化和手段的多样化。尽管高校体育教学在体育精神文化方面取得了长足的发展和进步,但是,高校体育教学活动仍须结合时代的脚步,不断地发展和创新。除了传统授课方式,定期举办的体育知识讲座和体育竞赛成为体育教学采用的重要形式。这种形式所涉及的内容广泛,包括了体育和健康、科学与体育、运动与损伤等。许多高校定期聘请校外知名体育专家或是有建树的运动员到学校给学生授课和讲座,能够提高学生对体育的兴趣,并增强学生的反应能力和竞争意识。除此之外,学校应该具有能动性地发挥主导作用,联合社会、家庭为体育精神文化建设提供更加广阔的服务平台。例如高校可以创造性地借鉴中小学体育比赛的形式,举行亲子运动会和体育竞赛,邀请学生的家长来参加大学生运动会。大学生亲子运动会拉近了大学生与父母的距离,大学生的父母不仅能够亲身感受来自校园的体育文化建设,而且能够充当校园的体育文化建设的有效的传播者,这有利于提升学校的声誉和口碑。这种学校与家庭联合起来的体育教学形式成为一个窗口,促进了高校体育精神文化的发展和弘扬。

(三)高校体育教学中体育制度文化建设改进路径

1.加强体育教师与学生的互动机制建设

在体育文化的建设过程中,作为体育教学最前沿的施行者,高校教师自身对体育教学在体育文化建设中的重要作用的认识是发挥教师能动性的前提条件。只有高校教师充分认识到体育文化弘扬的重要性,以及体育教学在体育文化建设中的地位,他们才能身体力行,将体育文化意识投射到体育教学的过程中,在体育课程内容和结构的设置、体育课堂与学生的互动教学和体育课程结果评估中充分融入体育文化所需传递的精神。

体育教师在体育教学过程中主导着体育文化建设,因此,学校体育教师队伍的建设对体育教学和体育文化的建设起着决定性的作用。体育教师与其他教师一样,肩负着传播知识、培养人才和发展科学的重大任务,他们对学生的兴趣、爱好和价值观都会产生最为直接的影响。高校对体育教师的要求非常高,不仅需要安排课程、组织体育活动、配合学校的管理,还需要进行科学研究和提高整个领域的发展水平。因此,学校应注重对教师能力的培养,如运动能力、教学能力、组织能力和科研能力,这些能力可以通过自学、开展教研活动和科学研究活动获得。

高校体育教师除了在能力方面影响学生的体育技能水平,还会在体育意识、体育修养方面影响学生对体育活动的态度和价值观。体育教师除了在体育教学课堂上完成本职工作,还需要加强与学生的课外互动,将体育教学过程中的东西切实运用到生活中,帮助学生培养良好的体育习惯,形成尊重体育事业、投入体育锻炼的良好的体育价值观。

由上所述,强化体育教师与学生的互动机制建设应该从体育课程设置、体育课堂互动、课外体育竞赛、体育文化生活等方面进行建设。在体育课程的课程目标编制及课程实施大纲前,体育教师可在课程前期进行调研,征求学生对于体育项目的偏好及体育课程形式的建议,让体育课程融合学生的新发展和新思想。在体育课程互动过程中,体育教师应该融入更多时代元素,对课程的新奇感能够让学生更加专注于课堂内容。作为体育文化制度建设的一部分,在对体育教师的评价中,应将是否创新性地、全方位地加强与学生的互动机制体现出来。

2.提升体育领导者在体育教学中的管理能力

促进体育教学过程中体育文化的建设和弘扬不仅需要具有雄厚实力的师资队伍和活泼的学生,一支运筹帷幄的管理领导队伍也是非常关键的。因为学校的体育教师大部分各司其职,而在体育教学的过程中促进体育文化的建设的决策权和推动力在领导队伍中,教师和学生所能发挥的主观能动性远远没有管理者的政策导向更有效。

确切地说,体育教学过程中的体育文化建设需要提高体育领导者的管理和领导能力。体育领导者应对学校的体育文化发展具有预测能力,从宏观层面把握体育教学事业的发展动向,提前为学校的体育教学事业进行长期和短期的规划,并结合国内外先进的教学经验,在学校推而广之;对于促进体育文化建设事业发展的优秀教师及表现突出的学生给予奖励;在有关体育教学的问题出现之前做到未雨绸缪,在整个校园的体育文化建设过程中充当一个导航者的角色。

3.优化体育教学的组织和管理制度

优化体育教学的管理制度需要落到实处。比如加强对学校体育组织机构的建设,如应明确体育教学部、体育俱乐部的职责和权力。只有将职能和责任对等起来,才能督促各机构切实履行优化组织教学的任务。同时,学校应该给予各组织机构相应的竞争和激励措施。在各体育组织机构之间搭建竞争平台,对为优化体育教学活动、促进体育文化建设活动贡献力量的机构进行奖励。组织管理行为只能在行为的发生过程中起到监督的作用,而真正驱动教师和学生自发遵循和完善体育制度的是激励。

本书从体育物质文化改进、体育精神文化改进和体育制度文化改进上提出了改进高校体育教学中体育文化建设的措施。

在体育物质文化建设上:①加强体育设施在体育教学过程中教育导向和文化传播功能;②创新体育教学中对空间和设备的利用;③强化设计体育人文景观,提升体育物质文化品位。

在体育精神文化建设上:①统一体育教学和体育精神文化建设的主体;②将特色体育文化的建设嵌入体育教学活动中;③延伸体育教学活动为体育精神文化建设发挥平台作用。

在体育制度文化建设上:①加强体育教师与学生的互动机制建设;②提升体育领导者在体育教学中的管理能力;③优化体育教学的组织和

管理制度。

此外，在未来的发展中应该充分关注体育文化建设的各部分在体育教学过程中的相互作用和相辅相成的联系。无论是客观的体育物质文化还是主观的体育精神文化和体育制度文化，只要是有利于提升整体体育文化水平的措施和路径都应该受到重视。各高等院校由于拥有不同的办学条件、历史文化传统，其面临的文化受众也存在差异性，因此，在进行体育文化建设时应该因地制宜、因材施教。

例如当体育物质文化建设受到客观条件的制约时，体育精神文化和体育制度文化建设不能因此停滞，而是应该充分发挥主观能动性强化另外两方面的建设。发展具有特色的体育文化建设既要拥有引领的方向，又要注重体育物质、精神和制度文化建设的整合。

第五章　智慧体育

第一节　智慧体育的内涵与特征

信息时代,智慧引领体育转型升级正在稳步推进,并在"智慧城市""全民健身"等相关理念的助推下,迅速成为一股热潮。但智慧体育本身仍是一个相对年轻的概念,尚未建立权威的定义及统一的标准,亦未形成一个完善的建设框架。于是,解答"什么是智慧体育""如何建设智慧体育"两大难题,变得尤为重要。

一、什么是智慧体育

智慧体育是一个面向未来的体育理念,具有与传统体育不同的丰富内涵及鲜明特征。尝试解答"什么是智慧体育",需要从概念及特征两个方面着手,综合政府文件、学者意见等各方观点,进行全面的认知与解读[①]。

(一)概念界定

智慧体育,从字面上理解便是赋予体育以"智慧"。何为智慧?智慧是指对事物能迅速、灵活、正确地理解和解决的能力。而智慧城市中的"智慧",是在"智慧"一词传统概念的基础上进行的创新和延伸,传达出这样一种理念:利用先进的科学技术,实现对各方面、各层次需求的迅速、灵活、正确的理解和响应,进而达成人与人、人与自然的和谐共处。智慧体

---

① 信风智库.解码智能时代 2021:来自未来的数智图谱[M].重庆:重庆大学出版社,2021.

育脱胎于智慧城市,是智慧城市的一种内部深化,也是智慧城市理念在体育领域的延展,其延续了智慧城市的"智慧"内涵。智慧体育能让体育的服务与管理更"聪明",利用无处不在的各式传感器实现对各种体育行为的全面感知,利用云计算等智能处理技术对海量感知信息进行处理和分析,如对竞技体育、全民健身、体育场馆及设施等各种需求做出智能响应和智能决策支持。

智慧的重要表现形式是"创新",在于对传统模式、理念的变革。智慧体育是新时代发展的要求,也是现代体育发展的方向,是一种以技术的创新运用为手段,以为体育活动参与者提供全面化、智能化服务为目标的体育模式创新。智慧体育的诞生意在落实全民健身国家战略,提升体育运营能力,盘活既有资源,进而满足城市群众日益增长的体育运动需求,让运动成为市民的健康生活方式。智慧体育是基于新型的信息技术,为满足体育参与者的个性化需求、丰富参与者的体验方式、提高参与者的运动质量、促进体育事业的可持续发展而实现对体育发展中各项资源有效利用的变革,从而为体育活动的参与者提供智能化、高满意度服务的一种新型运动参与方式。智慧体育是一种对体育资源供需双方信息资源高效整合、平衡供需关系的创新发展机制。智慧体育是对包括竞技体育、全民健身、体育场馆设施等各种需求,做出智能化响应和智能化决策支持的一种现代体育新模式。

智慧的实现离不开先进技术的支持,特别是云计算、物联网、大数据、移动互联网等新一代信息技术。例如物联网将物—物、人—物全面互联互通,传感器将传统的物理体育世界转变为数据体育世界,大数据、云计算等其他智能技术则对信息数据进行处理、分析,辅助服务供给及决策制定。因此,智慧体育可以理解为以应用物联网、互联网、大数据、云计算等"智能技术"对海量感知信息进行处理和分析,对包括竞技体育活动、群众体育活动、体育产业、体育文化、体育设施等体育各个领域的需求做出智能化响应和智能化决策支持,使体育的管理和服务更加聪明。

此外,智慧体育不是一个简单的项目,而是一项系统性工程,是一种比较高级的生态系统。智慧体育通过对国家体育总局、地方政府、协会团体及各种社会资源的纵向整合，以及体育旅游、健康、文化等领域资源的横向整合，真正实现体育资源的广泛聚集与纳入，进而实现迅速、灵活、正确地理解和响应。智慧体育应该是基于大数据、云计算及物联网技术于一体，以竞技体育、全民健身、体育产业等为基本架构，整合教育、医疗、旅游、文化等"体育十"资源的一种比较高级的生态系统。

综合以上对智慧体育概念的讨论，本书认为，智慧体育是物联网、云计算、大数据等新一代信息技术应用于体育领域的最新成果，是整合教育、医疗、旅游、文化等"体育＋"资源的系统性工程。通过构建数字化、网络化、智能化的运动空间、运动模式、运动生态，全面提升体育服务质量，推进体育产业转型升级，以更迅速、灵活、正确地理解和响应人们更具个性化、多元化的体育需求。

(二)智慧体育的特征

智慧体育作为传统体育转型升级的最新成果，自然有别于传统体育，具有诸多传统体育尚不具备或不够具备的特征。其中，技术融合、资源整合和需求契合是最为重要的三大特征。

1. 技术融合

从智慧体育的概念可以看出，智慧体育是大数据、云计算、物联网等技术综合应用于体育的产物。因此，技术融合是智慧体育最为显著的特征之一。技术的融合与进步是一个渐变和永不停息的动态发展过程，体育与先进技术深度融合，加之技术之间彼此融合，实现聚合涌现效应，进发出强大的生命力。更为具体的是，智慧体育的技术融合性突出体现为数据价值的彰显与智能创新常态化两大方面。

在新技术全面发展、紧密结合、相互协同作用下，数据的价值愈加凸显。随着传感器、生物芯片等技术应用于体育，越来越多的体育运动、消费等行为能够通过数据的形式被度量、计算、实时感知。新技术通过提升数据计算与分析能力，以及构建强大的数据互联系统，使传统体育逐步实现现代数据化,并进一步将数据转化成智慧洞察。例如将传统跑步机融入物联网、大数据、虚拟现实、体育仿真等技术,便可以使其升级成为一款具备"健身＋体能监控＋健康管理＋旅游社交"能力的"智慧"跑步机,实现三维场景数据、视频场景数据、个人运动数据、个人生理数据等体育伴生多重数据的收集、处理,并以运动指南、健康提示等形象、简易的方式进行具象呈现,提升运动的乐趣性、科学性。越来越多的人应用智慧体育设备、参与智慧体育运动,也通过自己的参与行为为智慧体育注入新的数据资源。由此,智慧体育本身便被建立在一个集数据采集、数据处理、数据分析、数据应用四大过程于一体的完整闭环之上。

同时,随着技术应用的不断深入,技术与体育的关系日益密切,技术成果转化为体育应用的周期不断缩短。新技术催生一系列的新产品、新服务、新模式,并在应用需求的推动下完成自身的创新和迭代升级。于是,在智慧体育面前,我们面临的将不仅是一场"大众创业,万众创新"的热潮,而更具广泛性、开放性、持续性,技术创新与体育智慧化升级得以形成一个常态化的良性循环。

2. 资源整合

相比传统体育,智慧体育更强调应用广泛覆盖的信息感知网络,实现体育行为中物与物、人与物、人与人之间的全面互联、互通、互动,以供给随时、随地、随需、随意的体育应用及服务。智慧体育突破了传统体育纯物理环境的局限,将体育行为物理空间和数字空间有机衔接起来,通过无处不在的信息网,对现实体育行为进行全面测量、监控和分析。体育运动由此突破了时间与空间的制约,实现"线上—线下"资源的互联与共享,进而有助于实现各类体育资源优化配置和最大化利用。

各主体、部门、行业间的边界和壁垒是传统体育存在的一大问题,这些壁垒的存在使原本存量巨大、彼此相连的体育资源处于封闭化、割裂化,难以得到有效开发、应用。而智慧体育致力于实现对资源的开放、协同、有效整合,在跨级、跨域的服务平台之间实现数据的共享和系统的集成,不同终端的运动数据可以实现同步更新、实时迁移、随意切换,不同设备可以实现同步接入、资源共享,最终使体育真正成长为一个内涵丰富、自我生长、不断完善的"生命体"。更为具体的是,智慧体育通过开放平台的搭建,为体育数据价值的高效率、高质量呈现奠定基础,通过对海量资源的深度挖掘,发现资源价值。同时,通过体育参与者和谐高效地协调运作,为用户供给高效率、低成本、多层次的体育服务。

智慧体育具备突出的资源整合特性,对体育参与者及体育运动本身等方面均具有积极的作用。对于体育用户,资源整合拓宽用户选择的空间,使用户更了解自己的运动现状,并为用户选择最合适的运动方式、运动场地、运动强度提供建议;对于运动设备供给者,资源整合使其掌握更多用户资源、更了解用户需求,为运动设备的更新、契合用户服务的供给提供便利;对于政府,资源整合有利于政府对体育运动开展状况的把握,为政策制定及决策实施提供支持;而对于体育运动本身,资源整合使体育内部自成一个可持续的生态系统,并不断向旅游、教育等多领域拓展交融,不断丰富自身内涵。

3. 需求契合

智慧体育强调对需求的管理和及时响应,以推动体育运动与多方需求相契合。不同主体对体育的需求具有天然的差异性,但由于体育本身具有多元价值,即使是体育运动参与的同一主体,参与体育运动的需求也各不相同。例如用户主体参与体育运动就具有提升身体素质、保持健康、休闲娱乐、社交等需求。智慧体育需要针对这些来自不同人群、层次的需求,进行采集、梳理、归类和规范化,按流程管理,并利用数据形成定制化方案,生成更具个性化的产品与服务。一般地,智慧体育可以通过网站信息平台、手机 App 客户端等途径发布多样化的体育信息,供体育参与者选择。同时,这些平台及设备可以及时采集用户需求,并对需求进行汇总、分析,为场馆设计、设备完善、赛事呈现等体育产品与服务提供改进意见,完成需求响应。更为智慧的是,智慧体育可以通过传感器配套设备对运动信息进行读取,挖掘运动参与者的潜在需求,做到"比用户更懂用户"。

由此,对需求的积极响应使智慧体育更具交互性,既包括人与人之间的交互,也包括人与物,甚至物与物之间的交互。智慧体育构建了一种全新的交互模式,不仅包括运动员与教练、赛事观赏者之间的交互,运动参与者之间的交互,也包括人与器械、场馆、城市之间的交互。智慧体育完备的基础设施及无所不在的信息联动,使人们不受时间、地点的限制参与体育运动、感受运动魅力成为可能。同时,器械、场馆等设备与空间也不再是一个静态的概念,而是能了解用户的需求与偏好、记录用户的运动历程,甚至引入一定的运动场景,使运动更生动、更科学、更有魅力。

第二节　智慧体育在高校实践的可行性

智慧体育将体育与科技完美融合在一起,将互联网新技术运用到基本体育管理当中,通过智能手机或平板电脑等移动终端对体育管理等方面进行服务,打破了体育与智能空间的界限,将二者完美地融合在一起。高校具有得天独厚的物质基础和人力条件,在智慧体育的实践与发展方面,有着先行的有利条件和保障。

一、设备齐全

随着当今信息技术和网络技术的不断发展,传感器日趋成熟,手机性能持续提升,智能手机和 5G 网络的紧密融合使手机成为主要上网设备,是大学生了解和传播信息的主要载体。各种智能手机第三方应用程序出现在人们的日常生活中,涉及生活的方方面面。关于运动也出现了许多 App,如悦跑圈、乐动运动、Keep 等,这些 App 都非常成熟,在现代很多年轻人特别是大学生中运用频率非常大。

二、网络设施完善

校园网络及移动网络为智慧体育的实践与发展提供了网络保障。随着 5G 网络的全面覆盖,我国网络通信技术逐步进入快速发展时期,在这一时期,跟以往相比,传输速率更加快速,传播范围更加广泛,而且智能服务更加完善,通过手机或者平板电脑,一个 App 就能解决所有问题。随着如今 5G 网络技术的有效广泛应用,越来越多的优质资源被广泛应用于运动中,为用户提供更好的服务,在应用层及网络层中可真正实现用户的无缝融合。

目前多数大学校园已经或正在将百兆宽带全面升级为千兆网,为 AR、VR 等前沿性教学手段提供了条件保障,为新型信息化教育打下了物质基础。学生可以非常方便、高速地下载上课必备的运动 App,根据教师的要求应用在体育课堂教学及课外体育运动健身中[①]。

三、大学生素质普遍较高

大学生文化素质较高,有较高的智力发展水平,有强烈的独立意识和自主性,乐于接受新事物,掌握运用新媒体非常快。大学生倾向从互联网获取知识,会主动地利用手机获取他们想要获取的知识。大学生越来越喜欢在网络社交媒体上展示自己的亮点和成果,将手机运动 App 应用于大学体育课堂与课外运动活动中,可以极大地满足学生的学习需要和心理需求,促进学生个性化发展。

四、作用能体现

智慧化移动学习具有学习方便快捷、个性选择、交互丰富、情境相关等特点,它满足了人们随时随地、随心所欲进行学习的需求,无论身处何地,只要有学习的兴趣和热情都可进行,是一种更人性化的学习方式。在运动技能的学习中,基于智能设备的智慧体育赋予了体育教学新的理念和手段,在演示教学内容的细节性、生动性、整体性上充分发挥了特有的优势。学生通过智能手机等信息化、智能化设备,能够更准确、更有效地

---

① 李燕燕.现代化背景下高校智慧体育服务创新研究[M].长春:吉林出版集团股份有限公司,2022.

观察认知、模仿、修正巩固,从而更高效地形成运动技能。

第三节　现代化背景下高校智慧体育实践路径

在"互联网＋"时代,随着物联网和云计算等新一代信息技术的兴起,与运动相关的 App 层出不穷,高校理应借助此发展红利,紧跟时代发展,充分发挥新信息技术的优势,将现有运动 App 应用结合到高校体育教学活动中,使智慧体育在高校能够逐步实践、稳步发展。

一、信息公告

信息公告是高校智慧体育的基础性服务功能,可对大学体育课程和体育活动、运动竞赛的基本信息进行详细介绍,不仅如此,信息公告对于高校之中的基本课程,或是各种动态资源也都会详细地公告出来。通过这一渠道,学生可以更加全方位地认识体育课程,了解各类活动安排,同时信息公告也为学生完成各项活动、进行课外辅导,提供了便利条件。

二、技术指导

网络媒体和图书馆拥有丰富的体育资源,包括文字、图解、各种视频(如比赛集锦、分解动作示范、技术指导等),大学生可以根据自己的喜好,进行在线浏览,如有需要,也可以将自己喜欢的资料下载搜集起来,并可随时进行观看浏览。

三、交流互动平台

可建造虚拟平台,该平台可将社区与咨询进行有效整合,使得服务更加便捷高效,通过这个平台,用户可以更好地接收到信息资源,用户之间也可以同时在线进行互动和交流。具有相同兴趣爱好和需求的用户可以进行集合,组成各种运动爱好圈和兴趣群,大学生可以在拥有共同爱好的基础上进行交流、讨论,相互学习、相互竞赛、相互促进、共同提高。社团活动一直是大学生发展兴趣最好的组织,通过建立社交网络,形成一个有机体。学校应当对学生多鼓励,并在政策上落实对学生的关照。此外,学校应当把自身的问题都总结出来,然后通过会议的形式将这些问题的解决任务分配给学生,只有深度落实和完善社团活动,才能更好地服务于高校体育建设。

同时,区域内的社团组织之间应当相互交流,明确自身所存在的不足,相互学习、探讨,最终共同进步。此外,高校也应当为学生多组织体育赛事,让学生在比赛中加强对体育锻炼的重视。例如高校可以定期举办长跑活动,在比赛中名列前茅的学生能够获取相应的学分,通过这些方式能够提高学生的积极性,并且大部分学生会更加重视体育活动。

现如今,各个学校的网站是其主要的评估工具,因此,各个高校的网络课程都是传统课程的主要参考。通过网站能够更清晰、快速地掌握学校网络课程开展的状况。以学校体育网站为例,其针对学校体育课程开展各项目的管理课程,以便更好地彰显个人兴趣与机会,促使学生更好地形成学习氛围,从过去的被动接受转换为现在的主动学习。在开发学生对体育的兴趣时,高校应当遵循本校的实际情况来制定能够拓展学生全面能力的策略,最终形成一个完整的网络教学体系。

此外,高校也应当重视与外校的合作,经过交流与访问,学习其他院校在治学方面的经验,最终纳为己用,更多元化地发展自身的体育教学体系。现如今,直播平台的兴起也为在线课程提供了更多成长的机会,高校应当开展慕课活动,组织有兴趣的学生进行一些课程的录制,在精心制作与剪辑之后,供全校学生学习、观赏,这有助于提高全面体育运动的积极性。可以说,一个好的学习氛围能够自发地带动学生学习,使学生更好地提升身体素质。从根本上来说,就是改变学生的学习观念,变被动为主动,让他们的大学生活更多姿多彩。

四、场馆预订

互联网和物联网可将高校及周边运动场馆联系在一起,大学生可应用手机 App 随时查看各运动场馆的开放和使用情况，根据自己的喜好和时间，提前在手机客户端进行场馆预订，从而合理安排好自己的活动，避免因为场地等原因而浪费时间，进而影响运动健身的热情。

同图书馆借书相似的原理，学生和教师可以查看运动馆开放情况，根据自己的时间安排运动活动，提高体育运动的效率。手机 App 是智慧体育不可缺少的组成部分，无论是资源共享，还是信息沟通，都可以通过App 来实现。

五、运动监控

智慧体育也包括大量智慧设备在体育中的应用，通过一些高科技设备可随时监控学生体测数据，有效诊断监控健康状况，从而有针对性地训练和运动。常见的设备有运动手环、智能手机等。

运动监控是智慧体育在高校体育活动中最突出、最重要的体现，也是国家对大学生进行学生体质测试所要达到的重要目的。通过学生的体测数据，可以对他们进行体质健康诊断，根据相关理论原理提出相应的运动方案，大学生依据随时可以查询的个人运动方案，进行有针对性的练习和运动。

随着各种感应器技术的成熟，大学生可以利用运动手环、智能手机等对自己的运动健身活动进行实时监控。一方面，大学生可以随时看到自己的运动情况和身体状况；另一方面，大学生也可以及时发现自己的健康问题，避免一些原生性的潜在身体缺陷所引起的意外发生。

参考文献

[1]苏海永.新时期校园体育文化体系的建设与发展研究[M].北京:北京燕山出版社,2023.

[2]陈博.多元视角下体育产业的融合发展研究[M].北京:中国经济出版社,2020.

[3]丁红娜,陈超,王勇.大学体育与健康教程[M].北京:中国纺织出版社,2023.

[4]段伟文,王战,成素梅.信息文明的伦理基础[M].上海:上海人民出版社,2020.

[5]傅纪良,王裕桂.实用游泳教程[M].北京:海洋出版社,2020.

[6]郭文.体医融合背景下城乡老年人体质健康的差异及其干预实验研究[M].湘潭:湘潭大学出版社,2022.

[7]海梦楠.民族体育与文化产业融合发展[M].长春:吉林人民出版社,2020.

[8]胡建文.信息技术与高效体育教学模式融合研究[M].长春:吉林出版集团股份有限公司,2021.

[9]李洪涛,陈姣,侯广斌.新时代体育产业融合发展路径研究[M].北京:中华工商联合出版社,2024.

[10]李进文.高校体育教学与体育文化融合发展研究[M].北京:中国原子能出版社,2021.

[11]李璟圆.多视域体医融合模式:公共健康服务体医融合模式研究[M].北京:电子工业出版社,2022.

[12]李科.高校体育改革践行体教融合路径研究[M].长春:吉林大学出版社,2023.

[13]李少龙,李德玉,白怡珺.体育产业多元化发展及路径研究[M].哈尔滨:哈尔滨工程大学出版社,2021.

[14]林宇,周慧.体育产业融合发展与品牌战略研究[M].长春:吉林人民出版社,2022.

[15]陆小聪.现代体育社会学[M].上海:上海大学出版社,2020.

[16]陆作生.体育新论[M].广州:中山大学出版社,2023.

[17]齐立斌.体旅产业融合发展促进乡村振兴的路径研究[M].北京:中国社会出版社,2022.

[18]邱林飞.体医融合的全民健身模式研究[M].杭州:浙江大学出版社,2021.

[19]沙茜.体育教学与体育文化融合研究[M].北京:北京工业大学出版社,2021.

[20]王少聪.我国体育产业结构优化及其跨界融合发展研究[M].北京:中国原子能出版社,2022.

[21]王占坤,朱邦森,范成文.城市体育健身与养老服务融合发展研究[M].上海:上海交通大学出版社,2022.

[22]武文杰.学校体育与社区体育的融合及其健身路径研究[M].广州:广东人民出版社,2023.

[23]信风智库.解码智能时代 2021:来自未来的数智图谱[M].重庆:重庆大学出版社,2021.

[24]信伟.高校体育经济的发展研究[M].北京:中国经济出版社,2022.

[25]岳骜.体教融合理念下体育教学改革与学生健康促进研究[M].武汉:武汉理工大学出版社,2024.

[26]张福兰,张天成,徐涛.体医融合视域下武陵山区农村儿童青少年体质健康促进研究[M].成都:西南交通大学出版社,2022.

[27]张娅,齐海杰.体教融合下大学生体育教学研究[M].长春:吉林出版集团股份有限公司,2022.

[28]周红萍.校园足球建设的审视与未来发展研究[M].北京:中国原子能出版社,2018.

[29]周杰.产业融合[M].长春:吉林人民出版社,2019.